AF452183

HISTOIRE COMPLÈTE

DE LA

TOUR DE NESLE

Contenant les détails les plus exacts sur les événements *terribles* et *mystérieux*, les *catastrophes* et *scènes sanglantes*, qui ont rendu si célèbre ce fameux château depuis son élévation jusqu'à sa disparition,

SUIVI

DES AMOURS ET AVENTURES DE MARGUERITE DE VALOIS

SURNOMMÉE

LA REINE MARGOT

PAR M. DE ROBVILLE

l'hôtellerie

PARIS

LE BAILLY, LIBRAIRE,

Rue Cardinale, 6, faubourg Saint-Germain.

LA
TOUR DE NESLE

LA CHAMBRE SANGLANTE

HISTOIRE COMPLÈTE

DE LA

TOUR DE NESLE

Contenant les détail les plus exacts sur les événements
terribles et *mystérieux*, les *catastrophes*
et *scènes sanglantes*, qui ont rendu si célèbre ce fameux
château depuis son élévation jusqu'à sa disparition,

SUIVI

DES AMOURS ET AVENTURES DE MARGUERITE DE VALOIS

SURNOMMÉE

LA REINE MARGOT

PAR M. DE ROBVILLE

Mort de Marguerite de Bourgogne.

PARIS

LE BAILLY, LIBRAIRE,

Rue Cardinale, 6, faubourg Saint-Germain.

LA TOUR DE NESLE

LA TOUR DE NESLES

I.

LA FILLE PARRICIDE.

C'était vers le milieu d'une nuit silencieuse, en l'an 1288 ; deux hommes, revêtus de manteaux sombres, causaient dans un des longs couloirs du palais des ducs de Bourgogne.

L'un avait les couleurs rosées de la jeunesse, l'autre les premières rides de l'âge mûr. Si l'on eût soulevé leurs manteaux, on eût pu voir que le jeune homme portait le costume de page, et son compagnon l'uniforme des gardes bourguignons.

Écoutons-les causer. Leur colloque nous mettra promptement au courant de ce qui se passait.

— Vrai-Dieu ! vous avez du courage, messire Henri de Norges ! Eh quoi ! après tout un jour passé à rompre des lances au tournoi, vous allez encore vous priver de sommeil et caqueter d'amour !

— Que veux-tu, capitaine Orsini, répondit le jeune homme, la flamme brûle mon cœur... Marguerite est si belle !...

— Prenez garde au duc Robert II, son père ! Il n'entend pas raillerie sur la vertu de sa fille, le quinteux vieillard ; et trois pouces d'acier dans le corps pourraient bien être un jour la récompense de votre passion !...

— Que m'importe à moi !... Je ne suis qu'un pauvre page ; la duchesse par son amour m'a élevé jusqu'à elle, et je braverais mille morts pour un seul de ses regards !...

— Allons, soit ! J'ai encore enfreint ma consigne de surveillance, ce soir, en vous laissant pénétrer au château !... Bonne aubaine, messire Henri de Norges !

— Au revoir et merci, capitaine ! Par moi, chaque jour, Marguerite est instruite de ton dévouement à sa personne, et, j'en suis sûr, tu dois souvent trouver quintuple solde au fond de ton escarcelle !

— Je ne m'en plains pas ; au revoir, messire.

Les deux hommes se séparèrent. Henri de Norges, le beau page du duc Robert, disparut dans un couloir, puis derrière une porte qui s'ouvrit soudain au bruit de ses pas... Le capitaine Orsini continua sa ronde nocturne, car il avait pour mission de veiller à la sûreté de la famille ducale.

Toutefois mille réflexions l'assaillirent dans les tours et détours qu'il accomplit dans l'intérieur du château.

— Comment finira cet amour ? se demanda-t-il ; si ma complaisance était découverte, que m'arriverait-il ? Ah ! bast, qu'importe !... Ces deux enfants-là se sont vus, ils se sont aimés, ils se le répètent sans cesse !... où est le mal ?... A dix-sept ans l'âme s'envole dans des séjours fleuris ; ils ont dix-sept ans, laissons-les rêver !... D'ailleurs, je me suis voué tout entier à Marguerite, moi !... La corde allait serrer mon cou dans ses mortelles étreintes ; la duchesse m'a sauvé en adressant à son père un de ces sourires pour lesquels on se damnerait ! Je suis libre de me damner pour elle. Je lui ai promis le silence, je tiendrai ma parole... d'autant plus qu'elle pourrait me renvoyer, d'un seul mot, au gibet d'où elle m'a fait descendre !...

Laissons le capitaine Orsini continuer sa ronde te voyons ce qui s'était passé au château des ducs de Bourgogne pendant les quelques mois qui ont précédé.

Robert II, homme sévère dans ses mœurs, entretenait sa cour sur un pied rigide, en demandant aux autres les vertus qu'il possédait lui-même.

Malheureusement, la nature, par un frappant contraste, lui avait donné une fille dont l'âme était de feu et l'esprit toujours porté au plaisir. Marguerite était son nom ; son âge, nous l'avons appris de la bouche même d'Orsini. Bien des fois déjà elle avait essayé de changer la manière de vivre de son père ; toujours ce fut en pure perte. Mais un proverbe dit : Ce que femme veut... et Marguerite, à force d'instances, de prières, de finesses, était parvenue enfin à rétablir à la cour de Bourgogne, les fêtes, les tournois, les bals, toutes réunions où la jeunesse est ardente, expansive et allume l'incendie dans les cœurs.

Plusieurs amours, successivement, firent rêver la fille de Robert II ; mais ceux-là étaient purs, ils se contentaient d'un regard, d'un serrement de main, d'un demi-mot contenant un monde d'idées.

Il était réservé à un jeune homme, Henri de Norges, nouveau page de Robert, d'enchaîner la duchesse dans une passion ardente, et qui devait être criminelle.

Page et duchesse se rencontrèrent, tressaillirent sous l'étreinte d'une sympathie instantanée, et bientôt les rendez-vous se succédèrent.

Orsini ne pouvait rien refuser à Marguerite, puisqu'elle lui avait sauvé la vie ; il fut donc le complice muet de cette passion clandestine, et jamais le duc de Bourgogne n'eut connaissance de quel hôte romanesque sa fille était visitée pendant que la nuit étendait son voile sur la terre.

Les heures de tristesse s'écoulent lentement ; les heures de joie passent comme un nuage chassé par le vent. Quelques mois après sa première rencontre avec Henri de Norges, Marguerite s'aperçut avec effroi qu'elle allait devenir mère.

Pour comble de revers, Robert fut instruit de la conduite de sa fille et la fit mander près de lui. Une rivale, dédaignée par Henri, avait dénoncé les amants.

A la vue de son père, dont les traits étaient décomposés par la colère, Marguerite trembla ; mais, se rendant aussitôt maîtresse d'elle-même, elle s'apprêta à subir l'orage qui allait éclater. L'orage fut terrible, en effet. Par les menaces Robert arracha le nom du séducteur et jura sa mort. Marguerite parla d'hymen, de réhabilitation... Le courroux du vieillard redoubla... et la duchesse s'enfuit, pour prévenir le page du sort qui lui était réservé et le forcer à fuir s'il en était temps encore.

Mais, à peine arrivée dans sa chambre à coucher, elle fut prise des douleurs de l'enfantement. Par un courage surhumain, elle détourna l'idée de sa suivante du mal qui la déchirait, et l'envoya chercher Orsini, en la dispensant de son service pour ce jour-là. Orsini accourut, et bientôt un médecin, ou *mire*-largement payé de son silence, aida la duchesse à mettre au monde deux jumeaux.

Le médecin venait de se retirer comme Henri de Norges frappa à la porte de la chambre. Il entra. Un léger vagissement se fit entendre... et Henri, joyeux de l'événement qui le rattachait davantage encore à Marguerite, se précipita sur la main de la jeune mère et la baisa avec effusion.

Mais la duchesse, sans répondre à cette étreinte, fit signe à Orsini d'approcher et lui parla tout bas.

Orsini devint pâle ; pendant quelques secondes un combat violent sembla se livrer en lui-même ; puis, sur un signe de Marguerite, il enveloppa les nouveaux-nés sous son manteau et s'éloigna en toute hâte.

La nuit était venue ; une lampe éclairait faiblement la chambre. Henri regardait avec stupéfaction s'éloigner le capitaine des gardes.

— Ami, s'écria Marguerite en se dressant sur son lit, sais-tu dans quel but Orsini emporte le gage de notre amour ?...

— Non, Marguerite, non !... Mais, sans doute, afin de les confier à une nourrice...

— Tu te trompes... A cet âge on ne regrette pas la vie... et nos enfants ne devaient pas vivre...

Henri de Norges poussa un cri déchirant.

— Oh ! c'est infâme !...

Et il allait se précipiter sur les pas d'Orsini pour arrêter l'accomplissement du crime, lorsque la duchesse le rappela d'un ton impératif.

— Ami, dit-elle encore, mon père connait notre amour... Demain, le cloître s'ouvrira pour moi... Demain l'échafaud sera dressé pour toi !...

Henri de Norges pâlit ; il regarda fixement Marguerite.

— Voilà pourquoi je les ai fait disparaître, eux !... Car je ne veux pas être enfermée dans un cloître... et ternir publiquement l'honneur de notre maison ducale !...

— Oh ! Marguerite... tu ne m'aimes plus !...

— C'est dans les circonstances extrêmes que se montrent les grands courages...

— Que veux-tu dire ?...

— Que le cloître peut ne pas s'ouvrir... L'échafaud ne pas se dresser...

— Oh ! j'ai peur de comprendre...

— Tiens, Henri, prends ce poignard pour défendre ta vie et ma liberté... Dieu dispose de la vieillesse des hommes !...

Et prenant le poignard de Henri, elle y imprima ses lèvres, attira à elle son amant, murmura quelques paroles et devint pâle à son tour. Henri avait disparu.

Le lendemain le cloître ne s'ouvrit pas, l'échafaud resta dans la maison du bourreau, et les crieurs publics annoncèrent que le duc Robert avait été trouvé mort dans son lit, ayant au cœur deux coups de poignard. Les démarches furent vaines pour retrouver le meurtrier.

Mais avec la vie de Robert s'envola l'amour de Marguerite pour Henri. Son amant ne lui inspira plus que de l'horreur.

Elle le fit chasser du palais.

Peu de temps après, une ambassade venait demander la main de Marguerite de Bourgogne pour Louis-le-Hutin, fils de Philippe-le-Bel, et héritier de la couronne de France.

Quant au capitaine des gardes il n'avait pas reparu depuis qu'il avait emporté les deux enfants sous son manteau.

II.

LA CONVENTION.

Seize ans se sont passés. Louis X, succédant à son père, a placé à côté de lui Marguerite sur le trône ; et celle-ci, ayant appelé à la cour ses deux cousines, Blanche et Jeanne, leur fit épouser à leur tour les deux frères du roi.

Au Louvre, la jeune reine avait apporté l'habitude des fêtes et des dissipations. A Henri de Norges, dont le souvenir était déjà loin, avaient succédé d'autres amours. Louis ne s'apercevait de rien. Les courtisans seuls, à l'œil desquels nulle intrigue n'échappe, avaient deviné l'ardente sympathie de Marguerite pour les plaisirs, et, par leurs flatteries, ils entretenaient adroitement la reine dans la pensée qui la dominait.

Blanche et Jeanne, les belles-sœurs de Louis X, n'étaient pas entièrement d'abord du même caractère que Marguerite Elles s'étaient promis de conserver fidélité à leurs époux. Mais la Bourguignonne avait besoin de compagnes secrètes à ses libidineuses folâtreries, et, par une suite de raisonnements habiles, qui avaient transformé l'esprit de ses sœurs, elle les amena à oublier le devoir conjugal.

En ce moment, c'est-à-dire en 1304, Blanche et Jeanne avaient donné leur cœur à deux beaux adolescents de 16 ans à peine, Philippe et Gaultier d'Aulnay.

Ces jeunes gens s'étaient introduits à la cour on ne sait comment, étaient nés on ne sait où, enfin étaient aimés parce qu'ils étaient beaux comme Apollon et surtout discrets,

De plus que Marguerite, Blanche et Jeanne avaient la fidélité de la passsion, Chez elles, au dernier rendez-vous de l'amour en succédait un nouveau avec le même amant. Marguerite adorait un jour, et méprisait le lendemain ; les sens dominaient en elle l'attachement du cœur.

Nous avons dit que tous les courtisans, par leurs flatteries, entretenaient la reine dans sa progression de plaisir. Un d'eux, cependant, n'agissait pas de cette façon; il s'appelait Enguerrand de Marigny, était premier ministre, et avait deviné le caractère ardent et dissimulé de Marguerite.

Sans avoir d'explication sur ce sujet, le premier ministre et la reine avaient compris que chacun possédait un ennemi en présence. Mais Enguerrand était le favori de Louis X, il ne fallait pas songer à lui faire encourir la disgrâce royale.

En résumé, les trois femmes ressemblaient au feu qui couve sous la cendre; elles souhaitaient l'émancipation de leurs effrénés plaisirs.

Sur ces entrefaites, le roi fut appelé en Navarre par quelques troubles qui venaient d'éclater, et laissa la reine à la tête des affaires, en lui donnant pour conseil Enguerrand de Marigny, et partit accompagné de ses frères.

Marguerite, alors, crut à la liberté de ses caprices; mais elle s'était trompée. Enguerrand la surveilla plus que jamais, et si les galants s'introduisirent au Louvre, ce fut en dépit de la bonne garde qui se faisait à ses guichets.

Un jour, la reine, en compagnie de ses sœurs et de quelques seigneurs de la cour, était assise dans un des appartements qui donnaient sur le quai de la Seine, lorsque le bruit d'une dispute, qui avait lieu sous le balcon, arriva jusqu'à elle à travers la fenêtre entr'ouverte.

Ces mots : « Je veux parler à la reine ! » frappèrent son oreille. Comme elle était en proie à un profond ennui, elle donna aussitôt l'ordre d'amener le solliciteur indirect. Il ne faut pas croire que c'était par intérêt pour lui qu'elle agit de la sorte; elle vit au contraire là un moyen de chasser momentanément l'ennui.

— C'est un fou, ou un homme qui veut me renire service, dit-elle à ceux qui l'entouraient. Or, dans les deux cas, nous y gagnerons. S'il est fou, nous rirons; s'il veut me rendre service, j'aviseral.

Le passant fut introduit. C'était un homme d'une cinquantaine d'années; ses cheveux étaient gris sous son capet; des rides profondes sillonnaient ses joues.

Il s'inclina lentement devant la reine, en lançant un coup d'œil oblique sur son entourage.

Tout de suite les seigneurs virent qu'ils n'avaient pas affaire à un fou et regardèrent la reine, comme pour attendre ses ordres.

Mais Marguerite, de son côté, contemplait le visiteur et cherchait à se rappeler où déjà elle l'avait vu.

— Que voulez-vous? dit-elle enfin.

— Vous parler, reine... à vous seule!

Les seigneurs se récrièrent, prétendant qu'il y avait danger, peut-être, pour leur souveraine. Marguerite les congédia d'un geste, sans cesser de fixer l'homme étrange qui se trouvait devant elle, et dont le costume indiquait un *manant*.

— Enfin, personne ne peut plus vous entendre, reprit-elle lorsque les tapisseries furent retombées derrière les courtisans, que Blanche et Jeanne avaient suivis; parlez...

— Reine, je viens vous rendre un service.

— A moi? en ai-je donc besoin?...

— Oui, reine; car vous souffrez de l'espionnage qui vous entoure, et votre cœur a besoin d'être libre...

— Insolent! qui donc êtes-vous pour me parler ainsi?...

— Seize années sur ma tête ont-elles si bien

courbé mon front que Marguerite de Bourgogne ne me reconnaisse pas!...

Marguerite saisit par le bras son interlocuteur, l'amena près de la fenêtre dont elle écarta le rideau, et, après l'avoir contemplé un instant :

— Orsini! s'écria-t-elle en pâlissant.

— Silence! reine, dit ce dernier en plaçant son doigt sur sa bouche, il ne faut pas qu'on nous entende!...

— Orsini! répéta Marguerite atterrée; puis, chassant toute fausse honte, elle fit contre fortune bon cœur et résolut de savoir, si d'un ancien confident elle ne se ferait pas un nouvel ami!...

— Comment, si tu demeures à Paris, lui demanda-t-elle, n'as-tu pas essayé de pénétrer près de moi depuis longtemps?

— Pendant plus de quinze années, répondit-il, j'ai parcouru l'étranger, en proie à mes remords... Vous savez... après que les deux pauvres petits...

— Ensuite, demanda la reine avec une impatience fébrile.

— Ensuite! je suis venu m'établir à Paris... J'avais quelques économies, j'ai ouvert la *taverne du pont au Change.*

— Es-tu heureux?

— Oui, les affaires ne vont pas mal.

— Pourquoi tout à l'heure parlais-tu d'un service à me rendre?

— Ah! ah! ceci est autre chose... Reine, causons franchement.

— Je t'écoute.

— Telle je vous ai connue autrefois, telle j'ai entendu dire que vous étiez encore...

— Comment l'entends-tu?

— Ardente et cachottière.

— Sais-tu qu'en cet instant tu insultes ta souveraine et que je pourrais...

— Oui, mais vous ne le feriez pas.

— Pour quelle cause?

— Parce que je viens vous délivrer de la surveillance d'Enguerrand de Marigny.

La reine, à ces paroles, éprouva un frémissement de satisfaction. Il n'y avait pas de riposte possible ; Orsini connaissait aussi bien qu'elle son désir le plus secret, elle fut donc tout à fait franche avec lui.

— Continue, ami, dit-elle; tu sais que je ne suis pas ingrate... tu peux donc, comme autrefois, te dévouer à ma personne.

— Oui... comme autrefois !... railla Orsini avec un sourire diabolique. Enfin n'importe !

— Quel est ton moyen ?

Orsini prit la main de la reine, et, à son tour la conduisit près de la fenêtre, qu'il ouvrit toute grande.

Il étendit le bras dans la direction de la Seine.

— Là-bas, dit-il, voyez-vous ce bâtiment noir?

— C'est la tour de Nesles.

— Depuis longtemps personne né l'habite...

— Je crois comprendre.

— Pour y aller, chaque nuit je suis à vos ordres; lors du couvre-feu, à neuf heures, une barque stationnera toujours sous les murs du Louvre.

— Seul? tu seras seul?

— Non pas, une barque pour vous et vos sœurs; une barque pour les mortels heureux appelés au rendez-vous... Trois hommes nous attendront sans cesse à la tour, pour exécuter vos moindres intentions.

— Seras-tu prêt ce soir?

— Oui, reine.

Marguerite appela Blanche et Jeanne qui causaient avec les seigneurs dans la chambre voisine.

Elle leur expliqua ce qui venait de se passer entre elle et Orsini, les rassura sur la confiance qu'elles devaient avoir en lui, et attendit leur bon plaisir avant de renvoyer le tavernier.

Blanche et Jeanne, heureuses de pouvoir enfin donner libre clef des champs à leur amour pour Philippe et Gaultier d'Aulnay, acceptèrent les offres de leur sœur, et il fut décidé que le soir même, à l'heure du couvre-feu, la barque mystérieuse viendrait chercher les princesses.

Les belles-sœurs de Marguerite se hâtèrent de s'éclipser pour faire savoir aux jeunes gens qu'ils eussent à se trouver à huit heures à la *taverne du pont au Change*, d'où on les conduirait au rendez-vous d'amour.

Encore une fois Orsini resta seul avec la reine.

— Et pour vous, madame, dit-il, qui emmènerai-je à la tour?

— Moi!... d'ici ce soir j'aviserai... Je vais mettre en campagne ma matrone... Bref, tu le reconnaîtras à huit heures chez toi, par cette bague que je lui ferai remettre...

Et elle montra un anneau à Orsini.

— Maintenant, ajouta-t-elle encore en lui remettant une bourse, si tu as eu confiance en moi pour ta fortune, je compte sur ta discrétion, au prix même de ta vie...

— Je le jure.

— A ce soir!

— A ce soir.

Orsini disparut par une porte dérobée que lui indiqua Marguerite. Puis, lorsque rentrèrent les seigneurs, la reine répondit au regard inquisiteur que

lui adressa Enguerrand de Marigny par cette raillerie qu'elle murmura tout bas :

— Je vous échapperai, messire ; mais prenez
garde qu'un jour vous ne fassiez visite à ce Montfaucon... que vous avez fait dresser pour d'autres !

III.

DÉTAILS HISTORIQUES.

Avant de conduire nos personnages dans le vieil
hôtel de Nesles qui avait été depuis peu d'années
acheté par Philippe-le-Bel, et dont on n'avait jusqu'alors rien fait, nous allons initier nos lecteurs à
l'histoire de cet hôtel.

Toutefois, cette histoire sera courte; mais elle est
nécessaire à la compréhension de nos véridiques
épisodes.

L'hôtel de Nesles, dont la construction se perd
dans la nuit des temps, était bâti tout près du Pré-
aux-Clers, vastes prairies où les basochiens pre-
naient leurs ébats, et les jeunes seigneurs rendez-
vous d'épée.

L'herbe fleurie fut plus d'une fois témoin, la nuit,
de soupirs d'amour et de sang répandu pour cause
d'honneur et même de simple fantaisie.

L'hôtel de Nesles était adossé à l'enceinte de Paris que fit construire Philippe-Auguste en 1192; il
présentait une façade en arcades qui était entourée
de jardins plantés d'arbres et qui s'étendaient sur
l'emplacement occupé aujourd'hui par la rue Maza-
rine et le quai Conti.

De ce côté on entrait par un pont-levis.

Du côté opposé, on construisit, en 1208, une

grosse tour ronde qui, fort élevée, s'adossait à une autre tour plus petite, mais plus élevée encore.

De cette dernière on arrivait au manoir par une vaste galerie de pierre, percée de quelques arceaux gothiques.

La grosse tour était baignée par la Seine, au nord, et avait une porte d'entrée sur l'eau.

Tout autour, des pieux étaient plantés, et il fallait une main habile pour diriger la barque qui voulait y arriver.

Au levant on apercevait l'île sur laquelle fut bâti depuis le Pont-Neuf, et au loin les tours Notre-Dame, cette vieille basilique qui a traversé tant de siècles, au milieu de réparations successives.

C'est en 1308 que Philippe-le-Bel acheta le château de Nesles à son propriétaire Amauri, qui portait le nom de son domaine.

La vente se fit moyennant la somme de cinq mille livres, somme considérable pour ce temps.

Telle était la demeure qui devait servir de théâtre à des drames sanglants, et de réceptacle aux orgies de Marguerite, femme de Louis-le-Hutin, et de Blanche et Jeanne, femmes de Philippe et Charles, frères du roi.

La tour de Nesles, quoique adjointe à l'hôtel, n'en faisait cependant pas entièrement partie.

Elle était haute environ de cent-vingt pieds, avançait dans la Seine, sur une petite pointe de terre, et avait ses fondements sur pilotis.

On arrivait à l'intérieur par un étroit escalier de pierre, qui conduisait, d'étage en étage, à de luxueux appartements superposés.

C'est à peu près vers le milieu de cette tour sombre que se passèrent les orgies,

Là, il y avait une chambre circulaire, meublée de tout ce qui peut inspirer l'illusion des sens.

Une fenêtre à balcon donnait sur le fleuve ; c'est par là qu'on jetait les cadavres.

Tout autour de la chambre circulaire il y avait des portes fermées par de lourdes tapisseries, derrière lesquelles se tenaient les assassins.

Une table somptueusement servie se dressait chaque jour, et chaque nuit se trouvait pillée, au bruit des chants d'amour, des baisers et de l'orgie.

Du haut de la tour crénelée on découvrait encore au loin Paris et ses campagnes environnantes, les sinuosités du fleuve, et, plus près, le Louvre, qui ignora longtemps ce qui se commettait en face de lui.

D'un autre côté, enfin, sur le quai qui touchait le pont au Change, près du vieux Palais de Justice, on eût pu voir, en regardant attentivement, une taverne à l'enseigne boiteuse, dont l'extérieur, pas plus que celui de la tour de Nesles, ne témoignait de ce qui se passait au-dedans.

C'est là que nous allons conduire nos lecteurs.

IV.

LA TAVERNE DU PONT AU CHANGE.

La nuit était venue. A la lueur de lampes fumeuses quelques manants et soudards, attablés dans la buverie de maître Orsini, vidaient nombre de brocs en causant des affaires du jour.

Et, naturellement, la causerie engendrait la soif. Un régiment de pots d'étain s'alignait sur les tables

— Par la mort-bieu ! tavernier de l'enfer, n'entends-tu pas quand on appelle !... cria un soudard en frappant sur la table.

— Que vous faut-il, mes maîtres ? répondit une espèce de bossu aux jambes cagneuses, et qui n'était autre que le valet du tavernier.

— Ce n'est pas toi qu'on appelle, mal dressé ! où est le compère Orsini ?

— Il est allé voir à Montfaucon si votre place est prête, goguenarda le bossu.

— Allons, c'est bien, méchant tortillard ! Puisque le maître n'y est pas, donne-nous le meilleur et le moins cher...

Le bossu s'empressa d'obéir, mais non sans avoir demandé à un nouvel arrivant, qui s'était installé sans bruit dans un des coins de la salle, ce qu'il fallait lui servir.

— Une pinte et un gobelet, car j'arrive de loin, et la poussière a pris domicile dans mon gosier, avait répondu l'inconnu.

Cet homme pouvait avoir environ trente-cinq ans ; son costume était celui d'un aventurier ; sur sa tête un toquet à plume d'aigle recouvrait une magnifique chevelure, au milieu de laquelle cependant on distinguait çà et là quelques mèches argentées, signe de souffrance morale.

— Allons, se dit-il en mettant sa figure dans ses mains, sous le nom de Buridan, Henri de Norges a assez souffert, loin de sa patrie, en faisant la guerre... Il s'agit de voir aujourd'hui si la fortune me sourira davantage !

En portant à ses lèvres le verre de vin d'Argenteuil que lui avait servi tortillard, il aperçut, à la porte de la taverne, une femme voilée qui lui fit signe d'approcher.

Il se leva et obéit machinalement, quoiqu'avec stupéfaction.

— Que me voulez-vous ? demanda-t-il.

— Etes-vous homme à refuser un rendez-vous d'amour ? fit la femelle avec mystère.

— Jamais ! si la ribaude est jolie.

— Vous serez servi à souhait ; c'est une beauté qui m'envoie.

— Son nom ?

— Ah ! messire, la première qualité d'un gentilhomme ne doit-elle pas être la discrétion ?

— C'est juste. Que faut-il faire ?

— Prenez cette bague et mettez-la à votre annulaire.

— C'est fait. Après ?

— Sur le coup de neuf heures, un homme masqué viendra ici et verra la bague...

— Bon ! cela signifie que je devrai la lui montrer.

— Suivez-le... laissez-vous conduire, et...

— Achevez...

— Le reste vous regarde. Adieu.

La femme fit un pas pour sortir.

— Un mot encore, envoyée du ciel ou du diable !

— Lequel ? répondit la messagère en se retournant.

— Comme j'arrive de ce soir même à Paris, êtes-vous sûre de ne pas vous tromper en vous adressant à moi ?

— Depuis la porte de Buci je vous ai remarqué et suivi... Vous ne devez pas connaître celle qui m'envoie ; enfin, acceptez ou refusez.

— J'accepte. Cependant...

Mais il n'eut pas le temps d'achever sa phrase, la femme avait quitté la taverne.

— Voilà qui est étrange, se dit Buridan après avoir bu un verre d'Argenteuil. Eh! tant pis ou tant mieux! advienne que pourra; j'irai. Si c'est un guet-apens, ma bonne dague me viendra en aide comme elle l'a déjà fait en cent occasions diverses! Attendons l'heure. Mais qui donc peut me connaître ici?... Je ne suis jamais venu à Paris! Depuis quinze années je me nomme Buridan... Ah! au diable les réflexions! je le saurai demain!

Soudain deux jeunes gens, d'une ressemblance frappante, entrèrent en riant à gorge déployée et demandèrent du vin.

Sous un léger manteau ils portaient le costume de cour. Ils n'avaient pas d'épée, mais un poignard pendait à leur ceinture.

A leur aspect, Buridan avait éprouvé une commotion intérieure, comme à un souvenir du passé.

— Où donc ai-je vu ces jeunes gens? se demanda-t-il.

Le seul moyen de le savoir était d'entamer conversation; c'est ce qu'il fit. Il les engagea à partager avec lui la pinte qui était sur la table; son offre fut gaiement acceptée.

On causa en effet; bientôt même une certaine familiarité exista entre les trois buveurs.

De la sorte, Buridan apprit que les jeunes gens étaient frères et se nommaient Gaultier et Philippe d'Aulnay; bien plus, qu'ils étaient gracieusement reçus en cour; enfin, que s'ils ne connaissaient pas leur famille, ils ne souffraient nullement qu'on les appelât bâtards, attendu que leurs cœurs étaient aux dames et leurs épées à la défense de la justice et du bondroit, contre l'injustice et l'insulte.

— Je vous prie de croire, messeigneurs, que je n'ai nullement envie de vous insulter ; j'en jure par ce vin qui est si dur à boire ! J'arrive à Paris, j'ai besoin de faire bonnes connaissances ; vous êtes entrés joyeux comme pinsons, ma sympathie a bondi au-devant de la vôtre et voilà tout !... Messeigneurs Philippe et Gaultier d'Aulnay, le capitaine Buridan boit à votre santé !...

— A la vôtre, capitaine !

Les verres se choquèrent...

Mais en étendant leurs mains, les trois hommes aperçurent à leur doigt annulaire une bague entièrement semblable...

— Par bieu ! mes maîtres, voilà qui est singulier, on jurerait que ce joyau sort de même orfévrerie !

Un frais éclat de rire répondit au capitaine.

— C'est un signal de rendez-vous, murmurèrent à mi-voix Philippe et Gaultier d'Aulnay.

— Moi aussi ! exclama Buridan.

— Nous devons, à neuf heures la montrer à un homme masqué.

— La même recommandation m'a été faite.

— Nous ne connaissons ni celle qui nous a remis ce gage, ni celle qui doit nous recevoir...

— Et moi pas davantage !

— Si cette femme était la même pour tous trois ! exclama Philippe.

— Ah ! diable... firent les deux autres.

— Mais alors ce ne serait plus rendez-vous d'amour, riposta Buridan.

— A moins... à moins que le nombre de dames égale le nombre de galantins...

Et l'éclat de rire redoubla.

— Tavernier, du vin ! cria Buridan.

Mais, au même moment, le crieur de nuit avertit du dehors qu'il était l'heure du couvre-feu.

Les soudards et les manants qui buvaient dans la salle, sans faire attention à la scène qui se passait à côté d'eux, se levèrent, payèrent promptement leur écot au tortillard et disparurent de crainte du guet.

Sans prêter aucune attention à Philippe, Gaultier et Buridan, le bBssu ferma la porte de la rue en la verrouillant en dedans, et disparut à son tour du côté du laboratoire.

Les trois nouvelles connaissances se regardèrent ébahis.

— Que signifie cela ? dit l'un.

— Est-ce véritablement un guet-apens ? fit l'autre.

— A moins qu'on ne nous oublie ! riposta Buridan.

Une voix retentit derrière eux :

— N'avez-vous rien à me remettre, messires ?

Ils se retournèrent et aperçurent un homme masqué qui s'inclinait afin de laisser comprendre qu'il était à leurs ordres.

Philippe, Gaultier et Buridan étendirent la main.

L'homme masqué examina les bagues à la lueur de la lampe, se redressa et prononça ces seuls mots :

— Suivez-moi, messires.

Les galants suivirent l'homme en effet.

Par une issue secrète, tous quatre descendirent dans un souterrain qui les conduisit au bord du fleuve.

Là, une barque amarrée contenait déjà deux rameurs également masqués.

Philippe, Gaultier et Buridan y montèrent avec leur guide.

Quelques instants après, la barque s'arrêtait au pied de la tour de Nesles, et les invités d'amour montèrent l'escalier de pierre où les attendaient les courtisanes royales.

V.

LE SOUPER NOCTURNE.

Après avoir gravi une centaine de marches, les trois galants arrivèrent devant une porte bardée de gros clous de fer.

Pendant que le guide introduisait la clef dans la la serrure, ils entendirent un léger clapotement dans l'eau ; ils tournèrent la tête, et, à travers une fente de la muraille, ils aperçurent, à la lueur des étoiles, leur barque qui s'éloignait à toutes rames.

La même pensée leur vint à l'instant, celle de s'emparer de leur guide et de lui faire avouer dans quelle intention il les avait amenés à la tour de Nesles, qu'ils venaient de reconnaître ; mais la porte était ouverte.

Un flot de lumière arriva jusqu'à eux, à travers une tapisserie légère ; le doute disparut de leur esprit.

Ils pénétrèrent d'abord dans une sorte d'anti-chambre dont les murs étaient d'une nudité complète. Quelques escabeaux seulement la meublaient.

Le guide écarta la tapisserie et le coup d'œil changea.

Dans une vaste pièce aux lambris dorés, scintil-laient des lustres aux bougies aromatisées, dont le parfum répandait dans l'air une odeur enivrante.

Partout des tapis et des tentures ; partout des meubles luxueux et des tableaux lubriques.

A droite se dressait un buffet, sur lequel étaient rangés des vins de toutes sortes.

Au milieu de la salle, enfin, une table paraissait, couverte d'un festin splendide, de fleurs et de fruits rares.

— Bravo ! s'écrièrent-ils tous ensemble ; on ne nous a pas trompés ; c'est bien l'amour qui nous attend dans ce palais du plaisir.

Leur guide avait disparu...

Ils firent le tour de la salle, s'attendant à toute minute, comme dans les contes des fées, à voir paraître le génie qui devait les enivrer de son regard ; mais n'entendant aucun bruit, ils prirent la résolution de commencer, sans leur hôte, le festin qui attirait leur appétit.

Ils s'assirent autour de la table, sur des divans soyeux, et, débouchant un flacon pailleté, ils emplirent trois coupes qu'ils élevèrent :

— A la santé de nos belles mystérieuses ! firent-ils.

Et ils vidèrent les coupes.

Au même moment une boiserie de la muraille dissimulée dans un angle, glissa dans sa rainure, et trois femmes s'avancèrent.

Aussitôt trois cris retentirent ensemble du côté des galants.

Deux avaient une signification de bonheur.

Le troisième était inspiré par la stupéfaction. Il était poussé par Buridan.

Philippe et Gaultier d'Aulnay se précipitèrent sur les mains que leur tendirent les premières femmes qui parurent.

Ils venaient de reconnaître Blanche et Jeanne.

Un doux baiser salua leur bienvenue.

— Enfin, je suis libre de t'aimer, murmura Blanche, le mystère et le secret nous sont promis !... Viens, mon Philippe, viens t'asseoir près de moi...

Blanche entraîna son amant près de la table où ils prirent place.

— C'est pour te voir tout à mon aise et te mieux donner mon cœur que je t'ai ménagé cette surprise, mon Gaultier. Ah ! depuis longtemps j'attendais cette nuit de bonheur... la première t'était destinée...

Et Jeanne, comme sa sœur Blanche, fit asseoir Gaultier au festin préparé.

Nous avons vu qu'un troisième cri de stupéfaction avait été poussé par Buridan.

Il avait reconnu Marguerite.

La reine, de son côté, avait blêmi de terreur. Elle ne connaissait pas, quelques secondes auparavant, le chevalier que devait lui donner la matrone.

Mais elle était femme avant tout, son esprit lui suggéra une ruse.

Elle imposa silence à la peur qui l'étreignait, et sa résolution fut bientôt prise, puisque le hasard amenait en sa présence le seul homme dont elle redoutât le plus l'apparition en cette circonstance.

Elle courut vivement au-devant de l'ancien page de Robert, prit sa tête à deux mains et déposa un ardent baiser sur son front.

Buridan la regardait sans rien comprendre.

— Es-tu content de moi, Henri ? Ai-je su assez adroitement te forcer à la réconciliation ?... dit-elle.

—Madame... j'ignore... je ne comprends pas.

— A table, Henri ; à table seulement nous cau-
serons...

Le festin commença, aucun importun valet ne
l'interrompit. Les gentilshommes furent servis
par les dames elles-mêmes, dont le costume charmant et significatif prêtait à la rêverie, à l'exaltation des sens.

Marguerite donna à Buridan toutes les explica-
tions qu'elle trouva dans son hypocrisie. Elle l'a-
vait fait chercher partout, dit-elle, depuis qu'elle
était montée sur le trône de France ; et cela pour
lui faire partager, à lui, le sceptre de son cœur.
C'était elle, enfin, qui l'avait fait venir à la tour,
car un de ses espions, sachant l'arrivée du capitaine à Paris, s'était empressé d'en faire avertir la
reine.

Mais, tout bas, Marguerite maudit la maladresse
de sa matrone.

Buridan, de son côté, instruisit sa maîtresse de
ce qu'il avait fait hors de France, et de son changement de nom. Ils bâtirent tous deux des plans d'a-
venir ; Marguerite alla même jusqu'à souhaiter la
mort du roi, pour mettre Buridan à sa place.

Puis on ne songea plus qu'au plaisir. L'orgie
commença, les chants retentirent sous la voûte so-
nore ; les heures disparurent comme un songe.

Il est des tableaux qu'une plume prudente ne
doit pas tracer ; aussi nous abstenons-nous de dé-
crire les détails de cette nuit, à laquelle en succédèrent tant d'autres semblables, et toujours avec
des amants différents.

— Le jour va paraître ! cria une voix qui semblait
sortir des caveaux de l'hôtel.

A ces mots, Blanche et Jeanne se levèrent et,

soutenant Gaultier et Philippe qui ployaient sous les fumées du vin, disparurent avec eux.

— Henri, dit Marguerite, attends quelques secondes, je vais donner des ordres pour qu'on amène la barque qui doit nous reconduire de l'autre côté du fleuve... attends... attends...

Et, envoyant de la main des baisers à Buridan enivré, elle sortit par la boiserie qui lui avait déjà donné accès dans la salle du festin.

Laissons un instant le capitaine à sa rêverie, et voyons ce qui se passait dans l'autre partie de la tour.

Blanche et Jeanne, après avoir instruit Philippe et Gaultier de la conduite qu'ils auraient à tenir dorénavant, c'est-à-dire qu'ils eussent à ne pas revenir à la tour avant d'y être convoqués, les embrassèrent encore et, montant dans un esquif, attendirent leur sœur.

Philippe et Gaultier furent par une autre barque reconduits au pont au Change, par les mêmes hommes, sans seulement s'apercevoir de l'absence de leur premier compagnon de route.

Marguerite, elle, en sortant de la salle du festin, avisa un homme masqué qui se tenait assis, et, s'en approchant :

— Ton poignard est-il bien affilé, maître ? dit-elle.

— Oui, reine ; il clouerait le diable en terre.

— Bien. Il faut que le témoin de cette nuit d'orgie, qui est resté là... dans cette chambre... ne sorte pas vivant de la tour !...

— C'est dit ; je ferai mon devoir.

— A demain, même heure...

— A demain.

Marguerite rejoignit ses sœurs et l'esquif dirigé

par un adroit rameur, prit la direction du quai sur lequel on apercevait le Louvre, plongé dans l'obscurité.

Cependant Buridan resté seul continuait à rêver. Il rêvait même si abondamment qu'il n'entendit pas entrer l'homme au masque noir, qui venait de recevoir le dernier ordre de la reine.

En relevant la tête toutefois, il l'aperçut devant lui, le poignard à la main.

Il bondit et chercha une arme à son côté. Ce fut en vain; pendant l'orgie on lui avait enlevé sa dague.

— Malédiction! cria-t-il.

Le danger qu'il courait le dégrisa tout à coup.

L'homme noir s'avança d'un pas.

— Messire, j'ai reçu l'ordre de vous tuer, dit-il lentement.

— Oh! du moins, riposta le capitaine, il me reste mes bras et mes dents pour me défendre!... Vil assassin, tu n'auras pas bon marché de mon corps!...

Et, s'appuyant d'un côté sur la table, de l'autre il saisit une coupe d'or et se prépara à parer les coups de poignard.

Mais grande fut sa surprise.

L'homme noir remit le poignard à son fourreau, et reprit :

— Oui... j'ai reçu l'ordre de vous tuer; mais je ne vous tuerai pas...

Il se démasqua.

— Orsini! Orsini! s'écria Buridan en bondissant près de lui et le serrant dans ses bras.

— Silence! fit à voix basse le tavernier. Attendez!...

Orsini détacha un sac qui était roulé autour de

sa ceinture, plaça dans l'intérieur un des fauteuils qui avait servi au festin, noua le sac, ouvrit la fenêtre et le jeta dans le fleuve.

— Il fallait une victime, dit le tavernier; la victime se noie...

Au clapotement de l'eau, Marguerite, qui en ce moment abordait sur le quai, se retourna et frémit de satisfaction.

— A la bonne heure, se dit-elle, maître Orsini sait gagner l'argent qu'on lui donne... Le souvenir du passé ne soulèvera plus de terreur en moi...

Les trois sœurs rentrèrent au Louvre par une poterne abandonnée, dont elles avaient la clef.

— Et maintenant, dit Orsini à Buridan, après avoir accompli son crime factice et refermé la fenêtre, causons, mon beau page.

— D'abord, merci, ami !

— Il n'y a pas de quoi; service pour service; autrefois c'était vous, aujourd'hui c'est moi... Maître Buridan, il vous faut dès l'aube quitter Paris...

— Pourquoi?

— Comment pourquoi !... Mais, corne de bœuf, savez-vous que si la reine vous apercevait après ce qui vient de se passer... ce serait ma tête et la vôtre qui iraient danser à Montfaucon !...

— C'est juste; je partirai. Mais avant, un mot. Que sont devenues les pauvres petites créatures que Marguerite t'a confiées autrefois?

— Elles vivent, mort-bieu !

— Tu ne les as donc pas tuées?... Ah ! pardon de t'avoir soupçonné !... exclama le capitaine avec émotion.

— Tuées !... par exemple ! Quel mal m'avaient-ils fait, ces mignons petits!... Du tout ; ils vivent et ils sont heureux...

— Et, où sont ils?...

— Ah! ça, je ne vous le dirai pas...

— Ils habitent Paris?

— Oui... c'est-à-dire... non... je ne sais pas...

— Assez, Orsini. Je ne pars plus...

— Corbleu! mais ma tête !

— Sois sans crainte, j'ai mon plan ; tu ne seras en rien compromis. Je ne veux de toi qu'un simple serment ; si mes fils couraient un danger, le moindre, tu m'avertirais, n'est-ce pas ?

— Oui, je le jure !

— Bien ; maintenant partons... Oh! sois tranquille sur mon compte. Quant à toi, ce que tu viens de faire sera le commencement de ta fortune.

— Allons, soit ; j'ai confiance.

Orsini et Buridan quittèrent la tour de Nesles.

Le lendemain et jours suivants, la Seine charria des cadavres. Le peuple de Paris, en les voyant, se demanda quelle bande mystérieuse décimait ainsi la noblesse, car ce n'étaient que corps de gentils-hommes qui surnageaint dans le fleuve.

Nous, qui connaissons ce qui se passait, nous affirmons bien vite que les cadavres venaient de la tour, et portaient la marque du poignard d'Orsini.

Et cependant Philippe et Gaultier d'Aulnay faisaient toujours bonne mine à la cour, et parfois caquetaient d'amour avec les princesses Blanche et Jeanne. L'avenir nous montrera si l'heure de la satiété devait venir les indiquer, à leur tour, au bras sanglant du tavernier.

VI.

L'ASTROLOGUE.

Il y avait bal masqué au Louvre. — On le voit, la reine variait ses distractions.

Mais on se dépêchait de rire et de danser, car Marguerite avait prévenu qu'elle se retirerait avant onze heures, ainsi que les princesses Jeanne et Blanche.

Nos lecteurs devinent sans peine en quel endroit elles devaient se rendre.

Tous les invités avaient choisi un étincelant costume à cette fête.

Les frères d'Aulnay étaient en Apollon.

Blanche et Jeanne en Vénus.

Marguerite en sirène.

Les caractères de ces cinq personnages étaient dessinés d'après nature, par la combinaison de leurs déguisements.

Puis venaient les seigneurs qui complétaient l'ensemble ; enfin, Enguerrand de Marigny, vêtu en Cerbère du Tartare : c'était bien son emploi.

Dix heures sonnaient ; la joie était au comble ; les instruments jouaient leurs plus animées *danzias*, quand tout à coup un grand mouvement eut lieu à l'extrémité opposée de l'endroit où se tenait la reine.

Un instant la foule ressembla au flot de la mer qu'un vent furieux fait reculer.

Un long éclat de rire s'éleva ensuite, et toute la bande de masques courut vers l'objet d'une si unanime curiosité.

La reine jouait avec Enguerrand de Marigny;

elle était assise devant une table sur laquelle étaient étalés des tarots (cartes).

La sirène gagnait à Cerbère son argent.

— Que se passe-t-il donc, messire ?.. Voyez un peu, je vous prie, dit-elle.

Enguerrand se leva et revint presque aussitôt.

— Eh bien ? fit Marguerite.

— Oh ! peu de chose, répondit le premier ministre. C'est un seigneur, déguisé en astrologue, et qui prononce la bonne aventure...

— Un astrologue !.. Oh ! je suis curieuse et veux connaître mon sort. Nous sommes en fête, et c'est bien le moins qu'on rie un peu. Faites-le approcher, messire...

Le ministre se disposa à se rendre au vœu de sa souveraine. Toutefois, il n'eut pas fait un pas que l'astrologue parut devant Marguerite, suivi des huées de la foule.

C'est bien la sirène qu'il semblait chercher, car ses yeux erraient de côté et d'autre ; lorsqu'ils se furent fixés sur elle, il s'approcha et salua profondément.

Il portait une longue robe bariolée de signes cabalistiques ; sur sa tête était un long chapeau pointu.

Son visage était recouvert d'un voile noir, percé de deux trous à la place des yeux.

A côté de Marguerite vinrent se placer ses deux sœurs, babillant comme des papegais.

— Grand magicien, dit la reine railleuse, ne me ferez-vous pas la grâce de prédire ma destinée ?

— Moi ! moi aussi ! exclamèrent les princesses.

Sans répondre d'abord à la première question, l'astrologue s'approcha d'abord de Blanche, qui lui tendait la main.

— Voyons, dit-elle, quel beau mensonge vous allez me faire.

— Princesse, prononça lentement le devin en contrefaisant sa voix, prenez garde à votre liberté... Les larmes pourraient bien succéder à l'insouciance.

Un éclat de rire de l'assemblée répondit à cette pronostication.

Jeanne tendit la main à son tour.

L'astrologue la contempla pendant quelques secondes, et recula comme frappé de terreur.

— Mort et supplice ! saccada-t-il ; le sang demande du sang !...

Jeanne pâlit.

Un murmure de mécontentement circula parmi les masques.

— A mon tour, messire, se hâta d'ajouter la reine ; car si vous n'êtes vrai, vous êtes du moins audacieux...

— Madame, à vous je ne puis prédire l'avenir que dans votre oratoire...

— N'y allez pas, reine, exclama Enguerrand, cet homme est peut-être un traître, et...

L'astrologue haussa les épaules et fit lentement quelques pas comme pour se retirer.

— Restez, prédiseur de nouvelles, reprit Marguerite en imposant d'un geste silence au premier ministre. Si je refusais, on dirait que j'ai eu peur !... Suivez-moi, illustre nécromancien...

Elle se leva et se dirigea vers la porte de sortie.

— Pardon, reine, fit encore l'inconnu ; laissez-moi auparavant annoncer à messire Enguerrand le sort qui lui est réservé.

Alors, pendant que, debout, la reine l'attendait,

il toisa Marigny qui, le sourire aux lèvres, se laissa considérer de la tête aux pieds.

— Messire, accentua enfin l'astrologue, la grandeur et la richesse ne s'attachent pas toujours aux hommes, et le gibet pourrait bien blêmir le visage qui exprime si bien l'arrogance et la confiance en soi ! -

Enguerrand bondit et voulut se précipiter sur l'inconnu ; mais déjà il venait d'entrer, avec la reine, dans l'oratoire du palais, et la tapisserie était lourdement retombée derrière eux.

Arrivée là, Marguerite prit place sur un siége, et, regardant l'inconnu :

— Trève à cette comédie, dit-elle ; j'ai cru comprendre que vous aviez à me parler en secret... Parlez, je vous écoute.

— Crois-tu aux revenants, Marguerite de Bourgogne ? siffla le nécromancien en reprenant sa voix naturelle.

Marguerite tressaillit et se leva d'un bond.

— Tiens, regarde...

Et le nécromancien, rejetant en arrière son chapeau et son voile, montra les traits de Buridan.

Marguerite fut terrifiée. Elle voulut crier, mais de ses lèvres entr'ouvertes nul cri ne s'échappa. Ses yeux effarés roulaient dans leur orbite.

Buridan profita de cette stupéfaction ; il s'approcha d'elle vivement et lui dit :

— Si tu fais un pas, si tu appelles, je divulgue à tous le secret du passé et le mystère de la tour de Nesles !...

Puis, l'aidant à s'asseoir, il s'installa à ses côtés.

La reine, dont le point dominant du caractère était l'astuce et l'audace, reprit peu à peu son sang-froid.

— Eh bien, que veux-tu de moi?...

— Marguerite, il me faut la place de ton premier ministre...

— Mais Enguerrand a été nommé par mon époux, et je ne puis...

— En ce cas, Louis X connaîtra les lettres que nous échangeâmes il y a seize ans... car je les possède tes lettres, Marguerite...

— Sur toi, Buridan?... fit-elle avec convoitise.

— Allons donc, me prends-tu pour un niais!... Le jour où je ne reparaîtrai pas à mon domicile, un ami sûr doit les remettre au roi mon maître...

— Démon!... Est-ce tout?...

— Non! il me faut deux mille écus d'or pour subvenir aux premiers frais de mon installation.

— Mais... je ne les possède pas...

— Aimes-tu mieux, Marguerite, que je dénonce à ton époux les richesses que tu as enfouies dans les splendides festins de la tour de Nesles?...

— Tu les auras.

— A l'instant!...

Marguerite baissa le regard devant le coup d'œil fauve que lui lança Buridan ; elle prit un parchemin et donna au capitaine un bon de deux mille écus d'or sur son trésorier.

— Est-ce tout? fit-elle encore, cette fois avec résignation.

— Oui... à demain, Marguerite. Rappelle-toi tes lettres d'autrefois... Et, quant aux assassins que tu mettrais à mes trousses, regarde!...

Entr'ouvrant sa robe mystique, Buridan montra la cotte de maille serrée qui lui couvrait la poitrine et qui ne le quittait jamais.

Il voulut sortir par la salle du bal, mais la reine

l'en empêcha, et le conduisit à un escalier de service, par lequel il s'éloigna.

Restée seule :

— Allons, dit-elle, il me tient à cette heure; mais, plus tard, j'aurai ma revanche !

Elle rentra dans le bal, et personne ne put deviner sur sa physionomie souriante ce qui s'était passé avec l'inconnu.

Avant même que le bal ne fût terminé, les trois sœurs atteignaient la tour des orgies, et le lendemain matin le lit du fleuve recevait sa pâture ordinaire, c'est-à-dire trois cadavres de gentilshommes.

VII.

LE SERMENT D'ORSINI.

Par peur, Marguerite de Bourgogne, reine de France, tint ses conventions avec l'astrologue.

Buridan fut appelé dans les conseils de la couronne; le premier acte de son pouvoir fut l'arrestation de messire Enguerrand de Marigny.

Quelque temps après, Enguerrand, accusé de concussion, fut pendu au gibet de Montfaucon qu'il avait fait élever pour d'autres.

En apparence du moins, aucune inimitié ne divisa la reine et Buridan. La réconciliation, cette fois, semblait être sincère.

Le capitaine était arrivé au faîte de son ambition, que les circonstances avaient si bien servie. Marguerite n'avait posé qu'une seule condition au nouveau ministre, c'est qu'il lui laissât liberté complète d'agir selon son vouloir, et qu'il n'exerçât aucun espionnage sur sa conduite.

Buridan promit et tint parole. Pourvu qu'Orrini ne vînt pas lui apprendre que ses enfants coûsaient un danger, peu lui importait le reste des sujets du royaume ; cela regardait le roi Louis X, et non le ministre, qui n'avait reçu à cet égard aucune instruction de son souverain.

Les choses se passèrent donc comme toujours, et le peuple de Paris continua à être effrayé des crimes mystérieux qui se commettaient.

Cependant la fortune bizarre qui lui était advenue ne satisfaisait pas entièrement le cœur de Buridan.

Sans cesse il rêvait à ses enfants ; il les voyait partout. Il se rappelait les deux jeunes gens qui avaient passé la nuit à la tour en même temps que lui, et parfois il se surprenait à se demander quelle était leur origine, qu'ils ne voulaient ou plutôt qu'ils ne pouvaient raconter à personne.

Quelquefois il les avait aperçus à la tour, et il s'était senti tout prêt à les serrer dans ses bras, sans se rendre compte de la sympathie qui l'attirait vers eux.

Puis il avait senti des larmes mouiller ses paupières.

Par une bizarre anomalie, aucun des trois ne parla de la première rencontre qui les avait rassemblés.

Ne pouvant plus comprimer les élans de son âme, et persuadé qu'il avait vu ses enfants, le nouveau ministre résolut d'en avoir satisfaction complète.

Son titre lui conférait pouvoir d'ordonner à tous les sujets du roi. — Il fit donc savoir à Orsini que le jour même, au coucher du soleil, il l'attendrait au Pré-aux-Clercs.

Le tavernier, pensant que son ancienne connaissance avait quelque recommandation à lui faire, ou quelque service à lui demander, fut fidèle au rendez-vous.

D'ailleurs, il se préparait lui-même à solliciter une entrevue urgente. Nous allons en connaître la cause.

Lorsqu'il arriva au Pré-aux-Clercs, Orsini trouva Buridan qui l'attendait.

Ce dernier, comme s'il n'eût été encore que simple capitaine, tendit la main au tavernier ; et, quoiqu'il fût recouvert d'un manteau sombre, et qu'il eût entouré son visage d'une barbe postiche pour n'être pas reconnu, il l'entraîna dans une allée déserte, afin de n'être pas dérangé par les importuns.

— Orsini, dit-il, c'est ta vieille amitié que j'appelle à mon aide aujourd'hui ; réponds-moi donc franchement...

— Maître, lorsque j'ai reçu votre convocation, je me proposais d'aller vous trouver. La circonstance est grave... Mais, à vous d'abord... je vous expliquerai ensuite ce que j'ai appris...

— Orsini... quoiqu'aucun danger ne les menace, j'aime à le croire, il faut que tu me fasses connaître mes enfants...

— C'est d'eux-mêmes que je voulais vous entretenir.

— Parle... parle vite...

— Je l'avais juré... et j'aurais tenu mon serment... si le péril n'avait pas dû les atteindre, ma bouche n'aurait jamais prononcé leur nom devant vous ; mais il y a péril et vous allez tout connaître...

— Il est temps encore au moins de les sauver, n'est-ce pas ?...

— Serais-je donc au Pré-aux-Clercs si les fils du page Henri de Norges avaient besoin de mon bras pour les défendre ?

— Brave Orsini !... Mais, au fait.

— D'abord, il faut que je reprenne mon histoire d'un peu haut... Lorsqu'il y a... bien longtemps... la fille de Robert II m'eut donné l'ordre d'égorger les innocentes créatures...

— Mauvaise mère !

— Ma foi, je n'eus pas le courage de cette lâche action... Tuer des hommes, ça se fait ! mais des enfants... fi donc ! Alors, pour échapper à la vengeance qui aurait pu m'atteindre, je m'enfuis avec eux... Arrivé à Paris, je les exposai au seuil d'un gentilhomme riche... Le gentilhomme les accueillit, les éleva et leur laissa sa fortune. Quant au nom qu'ils portent, c'est le protecteur encore qui le leur donna... Je ne sais d'où il vient, car ce n'était pas le sien...

— Et vit-il encore cet homme généreux ?

— Non... il est mort... Mais ne m'interrompez pas ! Lorque je vis leur existence assurée, comme je m'ennuyais à Paris, j'allai prendre du service en Allemagne... Puis encore, m'ennuyant du service, je revins à Paris, et je retrouvai les jeunes gens d'une santé florissante, maîtres d'une jolie fortune et fort bien en cour, les intrigants !..

— Que fis-tu alors ?

— La pauvreté m'avait atteint... il fallait vivre... j'achetai à crédit la *taverne du pont au Change*. Pour la payer alors, j'écoutai ce que me conseillait la nécessité. J'allai trouver la reine... et... le reste, vous en avez été témoin...

— Mais, pourquoi ne t'adressais-tu pas à eux ?.. ils te seraient bien volontiers venus en aide...

— Non ! oh ! non... il eût fallu leur dire le nom de leur mère... Pourquoi attrister leur insouciance ?..

— Et... ils se nomment ?

— Ils se nomment... Philippe et Gaultier d'Aulnay.

— Ah ! Orsini, mon cœur ne m'avait pas trompé... Il les avait reconnus déjà, lui !..— Et ils courent un danger, dis-tu ?..

— Oui ; et j'arrive surtout au point essentiel. — Vous savez que, pour eux, les princesses Blanche et Jeanne ont éprouvé la peine d'amour...

— Je le sais.

— Jusqu'à présent ils ont échappé aux massacres de la tour de Nesles ; mais les princesses, usées par l'abus des sens, ont jeté au loin l'amour. Elles veulent se débarrasser de témoins importuns. — Philippe et Gaultier doivent être envoyés à la tour pour la nuit de demain... et j'ai l'ordre de les tuer...

— Ils n'iront pas... je ne veux pas qu'ils y aillent !

— Voilà ce que j'avais à vous dire, maître ; le reste vous regarde. Adieu, car bientôt va sonner le couvre-feu...

— Orsini, quand tu auras besoin de moi, frappe sans crainte à ma porte...

— L'homme n'est pas toujours maître de lui-même, messire. En tous cas, je tiendrai compte de votre bonne volonté. Seulement, comme dans mon état on est sujet aux revers de la médaille, je vous demande une seule grâce. Si la Providence voulait que je fusse pris et condamné à être pendu, eh ! bien... souvenez-vous que j'ai été soldat... et obtenez pour moi l'honneur de me faire décapiter.

— Je te le promets, dit le ministre en riant.

Et ils s'éloignèrent.

Sans remettre au lendemain ce qui pouvait se terminer le jour même, malgré l'heure avancée, Buridan se rendit à l'hôtel des frères d'Aulnay, après avoir enlevé sa barbe postiche.

Grande fut la surprise de ceux-ci de voir entrer chez eux le premier ministre.

Après les salutations d'usage, Buridan, fortement ému, commença sur-le-champ la conversation sur le sujet qui l'amenait.

— Messeigneurs, dit-il, une nuit d'orgie nous a fait faire connaissance, il y a quelque temps déjà, et depuis nous n'avons pas eu l'air de nous en souvenir... C'est bien, cela prouve en faveur de notre mutuelle discrétion... A votre âge, c'est méritoire...

Les deux frères regardaient le ministre sans comprendre.

— Depuis ce temps, poursuivit-il, vous avez continué à être les chevaliers secrets des princesses, fort bien...

— Mais....

— Oh ! j'en suis sûr... Mon métier est de tout connaître... Aujourd'hui, je viens vous donner un conseil, et vous le suivrez, il le faut...

— Lequel, messire? interrogèrent Gaultier et Philippe, qui n'osaient se fâcher contre le premier ministre.

— Pour demain soir, au couvre-feu, les princesse Blanche et Jeanne doivent vous faire donner rendez-vous à la tour de Nesles; vous n'irez pas...

— Et pourquoi donc, s'il vous plait? interpella Gaultier, que la colère commençait à gagner.

— Pourquoi? parce que de ce bouge infâme vous ne sortirez pas vivants !

— La preuve ! la preuve ! s'écrièrent les jeunes gens avec impétuosité.

Alors, Buridan, sans prononcer d'abord son véritable nom, leur raconta l'histoire de leur naissance, et comment un ami dévoué avait toujours veillé sur eux... Marguerite ne fut pas en jeu. A la fin de l'histoire, les jeunes gens pleuraient et Buridan les pressait sur son cœur.

— Et maintenant, dit-il, croirez-vous votre père?...

Philippe et Gaultier promirent de s'en rapporter à ses sages avis; de plus, il fut convenu entre eux qu'ils tairaient le secret qui venait d'être révélé.

Mais la nuit s'avançait, il fallut se quitter.

Les jeunes gens reconduisirent leur père jusqu'à mi-chemin de son hôtel.

En passant près du Louvre, ils aperçurent, de l'autre côté de la Seine, une lueur scintillante ; elle venait de l'obscur manoir de Nesles, en s'échappant à travers une meurtrière.

Tous trois ils frémirent, en pensant au tableau qu'éclairerait cette lueur avant la fin de la nuit.

— A demain ! firent les trois hommes en se séparant.

Philippe et Gaultier reprirent le chemin de leur hôtel. Buridan rentra au Louvre, dans les appartements occupés naguère par Enguerrand de Marigny.

Le lendemain, en effet, les deux frères reçurent, inscrit sur un vélin parfumé, le signal ordinaire du rendez-vous à la tour.

Mais aussi ils manquèrent à ce rendez-vous; et les princesses jurèrent d'en tirer une éclatante vengeance; elles se retirèrent penaudes, cette nuit-là.

— Corne de bœuf! la bonne soirée! gazouilla Orsini en quittant la tour, sans avoir accompli de sanglante besogne; ça vous rafraîchit le cœur tout de même quand on peut rendre service!

VIII.

L'ARRESTATION.—MORT D'ORSINI.

Le danger qu'avaient couru ses fils inspira à Buridan l'idée qu'il fallait mettre un terme aux orgies de la tour de Nesles.

Il craignait aussi que les princesses Blanche et Jeanne ne fissent enlever de force Philippe et Gaultier.

Il supplia donc ces derniers de ne plus se montrer à la cour de quelque temps, du moins.

Les jeunes gens acquiescèrent volontiers à ce que demanda leur père.

Ils étaient heureux des instants qu'ils passaient près de lui.

Ils prirent les princesses en horreur, et eussent partout divulgué leur horrible conduite, si la prudence recommandée par Buridan ne leur eût fait un devoir de se taire.

— Patience! disait le ministre, l'heure de la punition viendra bientôt...

Il avait ses motifs pour parler ainsi.

Un messager, équipé et payé par lui, était parti en Navarre, avec un parchemin roulé et parfaitement cacheté.

Ce parchemin était destiné au roi.

Louis X l'ouvrit et le montra à ses frères, qui sentirent aussitôt la rage envahir leur cœur.

C'était le récit exact de ce qui s'était passé à la tour de Nesles, depuis le départ de l'époux de Marguerite de Bourgogne.

La résolution de Louis X fut immédiatement prise.

Il voulut connaître par lui-même la véracité de ce que lui apprenait le ministre choisi par la reine.

Il fut décidé entre les trois frères que, sur-le-champ, ils partiraient, arriveraient incognito à Paris, et se rendraient, dans la première nuit qui suivrait leur arrivée, sur le théâtre des orgies.

C'est donc à ce fait que Buridan prêtait allusion en s'écriant : — Patience !

Après des marches forcées, Louis X, Philippe et Charles entrèrent dans Paris, et s'arrêtèrent dans un des cabarets qui se trouvaient près de la montagne Sainte-Geneviève.

Ils firent secrètement avertir le ministre Buridan, et, celui-ci étant accouru, on délibéra sur ce qui restait à faire.

Louis X voulut que Buridan lui-même les conduisît à la tour. Buridan refusa, sous le prétexte plausible qu'il était inutile d'apprendre aux princesses qu'il les avait dénoncées.

Louis X approuva ce prétexte, et d'autres plans furent débattus.

Nous laisserons les quatre personnages prendre telles mesures qui leur sembleront nécessaires; nous allons conduire nos lecteurs dans l'intérieur de la tour, à minuit, le soir même de cette conférence.

Marguerite, Blanche et Jeanne étaient attablées

lvec trois seigneurs nouvellement débarqués de
?eur province.

Soudain Orsini s'élança dans la salle du festin.

— Alerte ! cria-t-il ; des barques sillonnent le
fleuve... on semble venir du côté du Louvre...

Les princesses se levèrent, au comble de l'effroi ;
mais, en passant près d'Orsini, Marguerite eut encore assez de présence d'esprit pour lui dire tout
bas :

— Tue bien vite ces galants ; ils seraient témoins
dangereux si on les découvrait... Jette-les dans la
basse-fosse qui donne sur le manoir... Vite, le
temps presse !

Et elle rejoignit ses sœurs qui se tenaient, trem-
blantes, dans une des salles voisines de la salle du
festin.

De là, elles entendirent les cris des victimes...
puis, plus rien !... Le crime était consommé !

Quelques minutes après, Orsini vint les en avertir.

Au même instant, on frappait à la porte même
du théâtre des orgies. Orsini éteignit toutes les lu-
mières.

— Ouvrez ! cria-t-on du dehors ; ouvrez, au nom
du roi !

— Au nom du roi ! fit Marguerite à voix basse
en s'adressant à ses sœurs. Est-ce une plaisanterie,
ou nous prend-on pour des ribaudes de bas étage,
et a-t-on donné l'ordre de nous arrêter par erreur ?

— Ouvrez ! ouvrez ! on nous enfonçons la porte !

Et les coups de crosses d'arquebuses retentis-
saient en effet sur les ferrements de l'huis.

— Allons ! dit Marguerite, tenez-vous cois ; je
me présenterai seule, et demanderai de quel droit
on trouble les méditations nocturnes d'une reine de
France !

Suivie d'Orsini seulement, elle s'avança et ouvrit.

Mais quelle fut son épouvante !

A la lueur des torches, et environné d'hommes d'armes, elle reconnut le roi Louis X et les princes Charles et Philippe.

Elle faillit tomber à la renverse. Les hommes d'armes s'emparèrent d'abord d'Orsini et le lièrent avec des cordes.

— Par quel hasard trouvons-nous dans cette tour la reine Marguerite ? demanda Louis X, sans colère apparente.

— Mais... j'ai l'habitude de passer ici chaque nuit en méditation... balbutia l'infâme.

— En méditation ?... avec les restes d'un festin sans doute... ajouta Louis en désignant la table bouleversée mais non desservie.

— Une reine ne peut-elle prendre ses repas, comme le dernier de ses sujets ?...

— Et aussi boire du sang !... Regardez, madame, la terre en est rougie...

A dater de ce moment, Marguerite ne répondit plus.

Elle fut garrottée à son tour, ainsi que Blanche et Jeanne, qu'on retira plus mortes que vives de derrière une tapisserie où elles s'étaient cachées, et, roi, princes, princesses, Orsini et hommes d'armes, remontèrent dans les barques pour gagner le Louvre.

De là, la reine et ses sœurs furent incarcérées au Châtelet, en attendant qu'on décidât de leur sort.

Pendant qu'on les conduisait à la prison, les hommes d'armes, sur un signe du roi Louis X, assaillirent Orsini sans défense, et lui plongèrent leurs dagues dans le corps. Le cadavre fut jeté dans la Seine, où il avait fait disparaître tant de victimes, et les hommes d'armes crièrent, en le voyant surnager quelques secondes :

— Laissez passer la justice du roi !

Marguerite, interrogée, refusa de dire le nom de son amant ; elle en eût été bien embarrassée, sans doute. Toutefois, elle eut la pensée un instant de désigner Buridan... mais elle se retint, prévoyant qu'il pourrait lui être utile dans le procès qui allait s'instruire.

Blanche et Jeanne furent moins génereuses ; elles se rappelèrent du serment qu'elles avaient prononcé de se venger des frères d'Aulnay, et les dénoncèrent comme compagnons de leurs orgies.

Le lendemain, Philippe et Gaultier gémissaient au fond d'un noir cachot.

C'est en vain que Buridan sollicita leur grâce.

Le malheureux père ne songea plus qu'à faire prouver leur innocence, ou à faciliter leur évasion.

IX.

LA PRISON DE GISORS.

Après de nombreux interrogatoires, qui prouvèrent la culpabilité des princesses, elles furent secrètement éloignées de Paris, où le peuple criait vengeance.

Jeanne et Blanche furent enfermées au Château-Gaillard.

Marguerite de Bourgogne, sur laquelle pesaient des charges plus graves, fut dirigée sur Gisors, et là, descendue dans un souterrain éclairé par une seule fenêtre étroite et grillée, et donnant sur le fossé des remparts.

Sa garde fut confiée aux archers de la ville ; sur leur tête ils répondaient de la prisonnière.

Quant aux frères d'Aulnay, leur incarcération demeura tellement mystérieuse, que l'homme qui était le plus intéressé au monde à connaître le lieu de leur reclusion, — c'est-à-dire leur père, — ne put en aucune façon le découvrir.

Ses vives instances auprès de Louis X, pour obtenir seulement de les voir, souleva quelques soupçons de la part du monarque.

Afin de ne pas les aggraver, Buridan dut renoncer à sa première idée. Mais il n'abandonna pas la cause que son cœur le portait à défendre.

Il sollicita et obtint de s'éloigner pendant quelque temps de la cour. A peine libre, il se dirigea vers le Château-Gaillard.

Il voulait pénétrer jusqu'à la prison des princesses et obtenir d'elles, à force de supplications et de larmes, qu'elles se désistassent de leur dénonciation.

Ce fut peine perdue. Le gouverneur du fort demeura inflexible à toute avance du ministre, et exigea un ordre signé de Louis X, pour laisser parvenir jusqu'aux cachots de Jeanne et Blanche.

Buridan se retira désespéré. Cependant une idée surgit dans son cerveau.

Sans plus tarder, il se dirigea vers Gisors. Il y arriva à l'entrée de la nuit ; quelques minutes plus tard, les portes de la ville eussent été fermées.

Instruit par l'échec précédent qu'il avait éprouvé, il ne songea nullement à aller trouver le gouverneur. Accostant un archer qui se tenait debout à la porte extérieure du château-fort, et, se présentant à lui comme ancien soldat qui rentrait en France après de longues campagnes à l'étranger, il sollicita la faveur de passer la nuit au milieu des gardiens de la vieille citadelle de Gisors.

Quelques sous parisis, desquels il accompagna sa demande, lui facilitèrent un gracieux accueil.

Pour payer sa bienvenue, il fit venir du dehors de nombreux pots de vin clairet ; le vin était rare à Gisors, et sa vue eut pour effet d'attirer au ministre déguisé de nombreux témoignages de dévouement.

Buridan n'eut garde de les laisser refroidir.

— Mais il nous manque un convive, fit-il d'un ton indifférent.

— Lequel ? demandèrent les archers.

— Il me semble qu'il doit y avoir ici... puisque la forteresse est une prison... un geôlier qui s'ennuie et ne demanderait pas mieux que de se distraire... Qu'en pensez-vous ?...

— Il a raison !... Petrole est un brave garçon : il aime à rire... Jacques, va chercher Petrole...

L'archer Jacques se détacha du groupe et revint bientôt, amenant avec lui une face joviale sur un corps au ventre rebondi, autour duquel était une ceinture retenant un trousseau de clefs.

Tout cet ensemble avait nom Petrole, geôlier de la prison royale de Gisors.

On trinqua ; les pots vides se renouvelèrent plusieurs fois, et la gaieté envahit la chambrée.

Lorsque Buridan s'aperçut que les cerveaux étaient échauffés aux vapeurs du clairet, il prit à part le geôlier Petrole et une conversation intime s'engagea entre eux.

D'abord, à une proposition qui lui fut faite, Petrole se redressa avec indignation.

Buridan mit la main dans son pourpoint, et, la retirant ouverte, il laissa voir à son compagnon ébahi une pièce d'or qui miroitait dans sa nouvelle effigie.

Les yeux de Petrole scintillèrent comme une lumière dans l'obscurité.

De la main de Buridan la pièce d'or passa soudain dans celle du geôlier, et tous deux, se saisissant bras dessus bras dessous, sortirent en ayant l'air de causer comme une paire d'amis.

Les archers ne firent nulle attention à cette sortie.

— Vous me donnez votre parole que vous n'avez pas d'autre intention ? dit Petrole lorsqu'ils furent arrivés dans la cour.

— Oui, je veux seulement la voir...

— Euh ! euh ! ça me paraît bien louche...

— Rien n'est plus naturel, au contraire. Elle a été ma bienfaitrice ; je veux la remercier avant qu'on ne décide de son existence...

Une autre pièce d'or passa dans la main du geôlier.

L'argument était concluant. Les deux hommes descendirent les marches de pierre qui conduisaient aux souterrains ; là Petrole sortit une grosse clef de son trousseau, ouvrit une porte dont les gonds crièrent en tournant sur eux-mêmes ; puis, laissant passage à son tentateur :

— C'est là ! dit-il, entrez ! Je vous attends en me promenant dans le couloir... Mais dépêchez-vous, il fait humide ici... et là haut les camarades boivent sans nous.

Il tira la porte derrière Buridan, mais en la laissant entre-bâillée.

Dans le cachot, l'ancien page de Robert eut peine d'abord à s'accoutumer à l'obscurité ; enfin il put distinguer les objets. Alors il aperçut accroupie dans un coin, sur un mauvais lit de paille, Marguerite dont le visage respirait la terreur !

— Lui !... toujours lui ! fit-elle avec rage.

Puis, s'avançant vers le visiteur :

— Viens-tu me présager encore quelque malheur, prophète damné ? ajouta-t-elle les mains crispées.

— Non, Marguerite, non !... j'ai pitié de l'infortune ; je ne veux te parler que du passé. Marguerite, te rappelles-tu avoir vu deux jeunes gens, deux frères, les amants de tes sœurs, enfin , à la cour du Louvre ?...

— Oui... après ?

— Ils sont arrêtés comme complices de tes crimes, Marguerite ; j'ai pénétré jusqu'à toi pour te demander la preuve du contraire...

— Que m'importe à moi, la vie ou la mort de ces jeunes gens ?...

— Tu pourrais les sauver !...

— Je pouvais te perdre, toi !... je n'en ai rien fait cependant.

— Marguerite, un mot, un seul mot de ton écriture, qui les tire des griffes du bourreau... et je te bénirai !... J'oublierai toutes les tortures que tu m'as fait subir !...

La reine se mit à ricaner d'un ton étrange.

— Ah ! ah ! ah ! Quel service t'ont-ils donc rendu, ces damoiseaux, pour que tu tiennes tant à leur existence ?...

— Ce sont mes fils, répondit Buridan avec des larmes dans la voix.

— Tes fils ! tes fils !... hurla Marguerite en roidissant ses traits qui prirent une physionomie sinistre. Ah ! enfin, tu pourras donc souffrir à ton tour... comme j'ai souffert, moi, pendant de longues années !...

—Marguerite, il y a seize ans, est-ce que Henri de Norges ne t'avait pas donné son cœur tout entier?... dis !... Est-ce qu'il n'a pas poussé le dévouement jusqu'à assassiner un vieillard qui ne lui avait jamais fait de mal?... Lorsque tu m'as chassé de ta présence, lorsque tu as versé sur moi tout le mépris de ton âme, quel mal encore t'avais-je fait... dis ! dis?...

— Il est père... ses enfants vont mourir... il souffre la torture ! oh ! merci, génie du malheur qui avez plané sur toute ma vie !... Au moins je ne connaîtrai pas seule les angoisses qui déchirent !...

Et, en prononçant ces paroles, Marguerite semblait en proie à une exaltation fébrile.

Buridan, les yeux obscurcis par les larmes, la regardait avec compassion, car il ne comprenait pas que tant de méchanceté entrât dans l'esprit de celle qu'il avait connue autrefois si bonne et si compatissante aux souffrances de l'amour.

Elle continua :

— Ma vie, à moi, n'a été qu'une suite horrible de mauvais jours... Que Dieu ait voulu me punir d'avoir guidé la main qui me rendait parricide... qu'il m'ait fait expier le meurtre de mes nouveau-nés... Peu m'importe ! je n'en ai pas moins souffert. Pour apaiser les remords, je me suis livrée à l'orgie... Aujourd'hui l'expiation commence, et je souffre toujours... Qu'importe encore ! Le bonheur vient m'apparaître dans le cachot, au milieu des larmes d'un père !... Il est là... celui qui a fait tomber ma première illusion !... lui, la source de toutes les calamités qui m'ont fait une couronne de sang !... Merci, mon Dieu... il pleure, car ses enfants vont mourir... Ma jeunesse est vengée... La chair de sa chair deviendra la proie du bourreau !...

—Malheureuse ! fit Buridan se relevant soudain ; tu blasphèmes !... Ces enfants, que le roi va punir de crimes imaginaires, ces enfants sont les tiens, sauvés par Orsini !

Marguerite poussa un cri terrible.

A dater de ce moment, la tigresse disparut pour faire place à la femme suppliante.

Le malheur venait d'adoucir l'âme de cette royale débauchée. Sous la voûte du cachot le sentiment maternel reprit place dans son cœur.

Elle se traîna aux genoux de Buridan et lui demanda pardon.

— Invoque mon témoignage, ami, dit-elle lorsqu'elle eut retrouvé le calme de ses sens ; oh ! je te le jure, je les défendrai si bien, qu'ils sortiront la tête haute du tribunal qui osera les attaquer !.. Mes enfants !... mes pauvres enfants !...

—Merci !... Marguerite... je te pardonne.

La reine s'agenouilla devant son ancien page et lui baisa les mains en pleurant.

Puis il lui conta l'histoire des frères d'Aulnay et ce qui s'était passé avec Orsini...

Mais l'heure avançait ; le geôlier commençait à s'impatienter. Les fumées du vin avaient disparu de son cerveau, et il se rendait compte de la punition qu'il pouvait encourir pour avoir manqué à la discipline.

Il entra et annonça au visiteur qu'il fallait partir.

— Marguerite, dit Buridan, après avoir donné le baiser d'adieu, je compte sur ta promesse... tu les défendras ?...

— Au prix de tout mon sang !

— Au revoir...

Marguerite ne répondit pas ; elle n'en avait plus la force.

Avant de quitter le fort, Buridan entra un instant auprès des archers qui buvaient toujours.

Une conversation animée venait d'être produite par la sentinelle de la porte extérieure qu'on avait relevée de sa faction.

Buridan écouta et apprit que le bourreau de Gisors, mandé en toute hâte, était parti depuis une heure pour accomplir à Pontoise une exécution importante.

Il pâlit. Un sinistre pressentiment vint lui traverser le cœur.

— Une exécution, fit-il d'une voix qu'il essaya de rendre calme. Et qui donc exécute-t-on?

— Deux jeunes gens... les complices de la tour de Nesles, répondit brutalement l'archer.

Buridan sortit aussitôt du fort, comme un bourgeois qui s'en va tranquillement chez lui. Il ne voulait exciter aucun soupçon.

Mais, un quart d'heure après, un homme galopait à franc étrier sur la route de Pontoise ; des larmes coulaient de ses yeux. C'était le malheureux père.

X.

LE SUPPLICE DES FRÈRES D'AULNAY.

Laissons un instant Buridan franchir la distance, et voyons ce qui s'était passé à Paris pendant qu'il s'était rendu successivement au Château-Gaillard et dans la prison de Marguerite.

Louis X avait d'abord décidé que le procès des frères d'Aulnay serait instruit avec éclat, afin de faire connaître au peuple comment doivent être punis ceux qui donnent l'exemple d'odieux scandales.

Mais Philippe et Charles de Valois, frères du roi, le détournèrent de ce dessein.

— Songez à notre honneur d'époux, mon frère, dirent-ils. Sans doute le peuple trouvera la condamnation bien jugée, mais, en secret, il nous accablera de ses brocards, et déchirera, avec notre dignité, quelque coin du manteau royal...

— Donnez-moi donc votre avis, alors, riposta Louis X ; que faut-il faire ?

— Ordonnez d'abord qu'on leur applique la torture. Leurs avis guideront vos recherches, mon frère, pour découvrir le galant de Marguerite de Bourgogne. Puis, sans procès, sur une ordonnance privée, qu'ils soient exécutés de mâle mort, et qu'ils endurent les dernières souffrances !

Le roi Louis X acquiesca à ce raisonnement. D'ailleurs, venger ses frères, c'était déjà se venger lui-même.

Dans les prisons du Châtelet, sous une voûte de laquelle on ne pouvait entendre aucune plainte du dehors, Philippe et Gaultier d'Aulnay furent livrés aux tourmenteurs.

Ils subirent la question avec courage. On ne put arracher d'eux aucune révélation.

En outre qu'ils ignoraient avoir été dénoncés par les princesses, ils craignaient, en parlant, de compromettre leur père.

Après les épreuves de l'eau, du feu et des chevalets, on dut les ramener dans leur cachot. Ils s'étaient évanouis ; mais les tourmenteurs ne connaissaient aucun détail de plus sur les orgies de la tour de Nesles.

La nuit même qui suivit la torture, et sans donner aux deux frères le temps de calmer leurs souffrances, les geoliers les transportèrent dans une voiture où se trouvait déjà un moine ; la portière de la voiture fut hermétiquement fermée sur eux et les chevaux prirent la direction de Pontoise.

Pendant la route, le moine apprit aux deux frères quel sort leur était destiné et les prépara à la mort.

Un seul regret traversa leur pensée, au moment de quitter une existence qu'ils avaient crue un instant si pleine d'avenir, c'était de ne pouvoir une dernière fois embrasser leur père.

La voiture s'arrêta sur les huit heures du matin dans une vaste plaine, au delà de Pontoise.

Au loin on apercevait les murs de l'abbaye de Maubuisson, couvent de religieuses.

En ce temps-là, comme de nos jours, la nouvelle d'un supplice se répandait comme le vent parmi les populations.

Aussi une foule immense s'étendait dans la plaine, attirée par une étrange curiosité.

Instruite de toutes les particularités des orgies, elle se rua, à la vue des deux frères, et, poussant des cris féroces, elle voulut les massacrer.

Mais les soldats du roi continrent cette foule en délire, et Philippe et Gaultier, affaiblis par la torture, s'assirent sur un tertre de gazon entourés des bourreaux et du moine, qui tenait un crucifix devant leurs yeux.

Soudain des trompettes éclatantes donnèrent le signal du supplice.

Les bourreaux, parmi lesquels on remarquait celui de Gisors venu en toute hâte, s'approchèrent des jeunes gens, les couchèrent brutalement sur une table préparée, et, armés de coutelas, leur firent

subir cette horrible opération dont Abailard fut re-
devable au chanoine Fulbert.

Philippe et Gaultier, qui avaient montré un si
grand courage pendant leur torture, rugirent comme
des lions à l'accomplissement de l'acte qui leur en-
levait toute classification dans l'espèce humaine.

Cette opération terminée, au milieu de la foule,
qui était redevenue silencieuse, on vit s'avancer
deux chevaux montés par des valets du bourreau.

Les quadrupèdes n'avaient pour ornement qu'une
bride et une housse noires.

Philippe et son frère, entièrement nus, furent attachés solidement par les pieds à la longue queue
des animaux, choisis parmi les plus indomptables,
et, les valets de bourreau frappant aussitôt à coups
de fouets redoublés, commença une course sanglante, qui arracha des exclamations de pitié aux
plus endurcis des spectateurs.

D'abord, on entendit les gémissements effroya-
bles des victimes qui laissaient des lambeaux de
leur chair à tous les cailloux de la plaine. Puis le
silence se fit, les chevaux s'arrêtèrent ; les deux
frères étaient morts !

Pendant la course, deux gibets avaient été pré-
parés sur une petite éminence.

Là, furent pendus les cadavres complétement dé-
figurés.

A peine cette dernière partie du supplice était-
elle terminée, que, du côté de l'abbaye de Maubuisson, on vit accourir un cavalier au grand galop
de son coursier.

C'était Buridan.

A la vue des gibets et des cadavres, il devint
blanc comme un suaire.

Pour ne pas tomber même, il dut s'appuyer contre un arbre, après être descendu de son coursier qui soufflait l'écume par les narines.

— Trop tard ! il est trop tard ! murmura-t-il pendant qu'une larme perlait sous sa paupière. Mon Dieu, que votre volonté soit faite ! Donnez-moi le courage maintenant de leur rendre le dernier devoir qu'un père doit à ses enfants.

Silencieux comme le marbre et les yeux toujours fixés sur les gibets, il attendit que la foule se fût écoulée.

Alors, il s'approcha du bourreau, qui veillait sur les corps devenus sa propriété en vertu de la loi.

Près de lui, il dut encore jouer l'affreuse comédie de l'indifférence.

— Hé, l'ami, dit-il en s'efforçant d'affermir sa voix, que comptes-tu faire de ces pendaisons?

Le bourreau le toisa avec surprise.

— Ce que j'en fais toujours, répondit-il d'un ton goguenard ; je les vendrai aux basochiens de la rue du Feurre, pour leurs études médicales.

— Et combien t'en donneront-ils, les basochiens?

— Ce que je leur demanderai.

— Veux-tu accepter de moi plus que tu ne demanderas aux autres?

— Oui ; mais à une condition...

— Laquelle ?

— Comme je ne vous connais pas, et que je ne veux me mettre en fraude avec les ordonnances qui me concernent, il faut me dire ce que vous comptez faire de ces deux écharpés.

— Une action sainte, l'ami ! J'ai connu leur père, à ces enfants... Il est mort...; mais je lui ai promis de veiller sur ceux qu'il m'a confiés. Je désire simplement leur donner la sépulture...

— Je ne vois là rien que de très-beau et très-naturel. C'est entendu ; mais donnant donnant...

Buridan vida son escarcelle dans la main du bourreau.

— Bien, fit ce dernier avec un sourire de satisfaction. Ce soir, à la nuit close, vous pourrez venir couper les cordes et accomplir votre devoir ; personne ne vous en empêchera. Adieu, l'ami.

Le bourreau s'éloigna.

Resté seul en présence des cadavres, Buridan s'agenouilla et pria longtemps. Puis, pour attendre la nuit close, il se promena aux alentours, sans perdre de vue cependant les restes de ceux qu'il avait encore peur qu'on n'enlevât après leur mort.

La nuit venue, à la pâle clarté des étoiles, il creusa une seule fosse sur le versant d'une colline qui aboutissait à la plaine, et revint aux gibets.

Il en coupa les cordes et reçut dans ses bras les cadavres de ses enfants.

Après les avoir longtemps embrassés en pleurant, il les enveloppa tous deux dans son manteau et les descendit dans la fosse profonde.

Puis il prit son épée, la brisa sur son genou, et des morceaux en fit une croix, qu'il posa pieusement sur les restes mortels.

— Jamais maintenant, je ne porterai une épée, murmura-t-il en sanglotant. Adieu, pauvres enfants, victimes des passions de votre mère !... Oh ! Marguerite, maudit soit le jour où pour la première fois ma lèvre effleura ton front de jeune fille !... Marguerite, mes fils t'attendent au tribunal de Dieu !...

Alors il recouvrit de terre la fosse qu'il avait creusée, remarqua en quel lieu se trouvait la sépulture afin de venir y prier quelquefois, puis regagna en toute hâte la route de Paris.

Buridan n'avait plus rien à aimer sur terre. Après avoir rendu les lettres-patentes qui l'avaient fait ministre, il se consacra à l'éducation de la jeunesse. Doué d'une imagination ardente, il devint un philosophe célèbre.

Plus tard, il fut chassé de Paris par une secte opposée à la sienne.

Jusqu'à son départ, il accomplit de fréquents pèlerinages à la plaine de Maubuisson.

XI.

MORT DE MARGUERITE. — CE QUE DEVIENNENT LES PRINCESSES JEANNE ET BLANCHE.

Marguerite, en proie à une inquiétude fiévreuse, attendait toujours que Buridan la fît mander pour témoigner de l'innocence de ses enfants.

Nul bruit de ce qui s'était passé n'arriva jusqu'à elle.

On semblait l'abandonner, au contraire; ses vêtements tombaient en lambeaux, une nourriture grossière minait sa santé.

Le remords enfin, le remords rongeur qui lui lacérait le cœur avait fait de cette femme, autrefois si belle, un spectre effrayant.

Ses joues étaient creuses, ses yeux renfoncés dans leur orbite; son teint était d'une pâleur mate et ses beaux cheveux commençaient à se parsemer de larges taches argentées.

Non, ce n'était plus là Marguerite de Bourgogne, Messaline éhonté de la tour de Nesles. La douceur

avait remplacé la violence de son caractère ; ses jours
se passaient à prier Dieu pour se faire pardonner sa
vie passée.

Mais si Dieu pardonne, les hommes n'oublient
pas. Louis X, après avoir fait condamner son épouse,
convaincue d'adultère, donna l'ordre d'en finir au
plus vite.

Un soir, lorsque la nature était peu à peu enva-
hie par le silence que laisse derrière lui le coucher
du soleil, la porte du cachot de Marguerite s'ouvrit.

La reine tressaillit, car l'heure ordinaire de la
visite du geôlier était passée depuis longtemps.

Trois hommes entrèrent. Deux étaient recouverts
d'un capuce noir, l'autre était un moine ; il tenait
une torche enflammée.

A leur vue, Marguerite recula jusqu'au fond de
son cachot.

— Que me voulez-vous ? demanda-t-elle avec
terreur.

— Ne m'avez-vous pas fait demander, ma fille ?
répondit le moine avec une intonation pateline. Je
suis prêt à entendre la confession de vos fautes...

— Oui, en effet ; hier, j'ai demandé un confesseur... Mais ces hommes qui vous accompagnent...
ils me font peur !...

— Ils m'ont conduit près de vous, ma fille ; je
partirai avec eux...

— Moine, tu me trompes !... Ces hommes sont
des bourreaux... ils viennent pour m'assassiner !...

— Ma fille, je suis prêt à vous donner l'absolu-
tion...

— Non ! non ! je ne veux pas mourir... Ah !...

Marguerite, saisie d'un horrible frisson, se mit à
pousser des cris épouvantables.

C'est en vain que le moine essaya de la calmer, par les exhortations d'abord, puis par les menaces...

Les cris continuaient toujours.

Le moine leva la main vers le ciel. C'était le signal convenu.

Les hommes au capuce noir, — qui, en effet, n'étaient autres que les bourreaux, — s'approchèrent subitement de Marguerite et, la saisissant, lui lièrent les poignets derrière le dos.

Ce fut une lutte incroyable. C'est à peine si les deux hommes, doués cependant d'une force herculéenne, purent contenir cette femme dont les privations et le chagrin avaient déjà affaibli les forces.

Le moine demeura impassible.

De sa torche fumante il éclaira ce lugubre tableau.

Les bourreaux prenant un bâillon préparé d'avance, voulurent le poser sur la bouche de la victime...

Par un mouvement brusque Marguerite retira sa tête de leurs mains et roula à terre.

Les hommes regardèrent le moine.

— Terminez comme vous voudrez, dit-il, sans que sa physionomie témoignât le moins du monde qu'il éprouvait de la pitié pour ce qui se passait devant ses yeux.

Les bourreaux prirent un nouvel élan de force, se précipitèrent sur la reine, tordirent leurs bras autour de ses cheveux et la redressèrent sur ses genoux.

Marguerite vit bien qu'elle était perdue.

Déjà ses cheveux s'enroulaient autour de son cou, sous une tension désespérée :

— Louis, cria-t-elle d'une voix rauque, Louis X, je t'ajourne à un an !...

La figure s'empourpra, les yeux sortirent de leur orbite... Marguerite était étranglée. Comme une masse inerte elle retomba sur le sol et les bourreaux se retirèrent.

Ceci se passait en 1314.

Par une coïncidence bizarre, et comme si elle eût été prophétique, la dernière parole de la fille de Robert II se réalisa de point en point.

Une année après l'exécution qui eut lieu au château de Gisors, Louis X, dit le Hutin, rendait son âme à Dieu.

Voyons maintenant ce que devinrent les deux sœurs, complices de Marguerite de Bourgogne, et épouses des frères du roi.

Pendant longtemps Blanche resta prisonnière au Château-Gaillard. On épargna sa vie, mais ce fut à la condition qu'elle serait détenue perpétuellement.

Néanmoins, après la mort de Louis X, Philippe de Valois étant monté sur le trône, il fut question pour lui d'une alliance importante.

Il fit proposer à Blanche de divorcer.

Cette dernière acquiesça au désir de son époux; elle ne demanda qu'une faveur, celle d'aller à l'abbaye de Maubuisson expier les erreurs de sa vie.

Cette faveur lui fut accordée. C'est dans cette abbaye, proche de la sépulture des frères d'Aulnay, qu'elle vécut en pénitente, jusqu'en 1326, où elle mourut.

La troisième Messaline, Jeanne, eut plus de bonheur que ses complices.

A force de ruses, de finesses et d'affirmations de sa non-culpabilité, elle réussit à se faire considérer comme innocente par son époux.

Charles de Valois, qui était d'un caractère faible, d'un esprit studieux et enclin plutôt à l'indulgence qu'à la sévérité, se contenta d'abord d'adoucir la captivité de Jeanne et la fit transporter à Dourdan.

Quelque temps après, il lui accorda liberté entière et la réintégra au domicile conjugal.

Certains historiens ont prétendu que ce pardon avait pour motif un puissant intérêt.

Quoi qu'il en soit, Jeanne ne donna lieu, dans la suite, à aucune plainte sur son compte.

Le règne des passions avait disparu devant les leçons terribles de la fatalité.

XII.

LE DUC DE BERRY. — ISABEAU DE BAVIÈRE.

Comme les empires, les royaumes et les républiques, la tour de Nesles eut son aurore, sa grandeur et sa décadence.

Nous avons vu l'aurore, le commencement de la la grandeur ; continuons notre examen avant d'arriver à la décadence. Toutefois nous ferons observer, auparavant, que l'hôtel de Nesles ne doit plus maintenant se séparer de la tour ; cette dernière n'avait pour entrée, sous Marguerite de Bourgogne, que la porte d'eau ; désormais l'entrée par l'hôtel, ou donjon, sera ouverte à plus d'un grand événement historique.

Sous Philippe de Valois, devenu roi, l'hôtel de Nesles appartint à Jean, son fils. En 1346, Jean, nommé roi à son tour, continua à y élire sa résidence, de préférence au palais Saint-Paul.

C'est alors que se passa un fait qui mérite d'être rapporté.

Raoul, comte d'Eu et de Guignes, après avoir
trahi la France au profit de l'Angleterre, se retira
dans ce dernier pays qui, en belles espèces son-
nantes, lui compta le prix de sa trahison. Mais un
jour l'envie prit au comte Raoul de rentrer à Paris ;
Philippe de Valois était mort, et il pensait que le
roi Jean avait oublié le crime. Il n'en fut pas ainsi.

Jean reçut fort bien Raoul à la tour de Nesles,
et l'interrogea devant les seigneurs sur le motif de
sa rentrée en France ; puis il lui envoya un moine
et un bourreau. Le comte Raoul paya de sa tête sa
trahison à la France.

Nous ne nous étendrons pas sur la prise de l'hôtel
de Nesles par Charles-le-Mauvais, roi de Navarre,
ni sur les luttes de la *Jacquerie*, pendant lesquelles
le vieux manoir fut témoin de combats furieux,
jusqu'à ce que Charles-le-Mauvais étant chassé, le
dauphin Charles put rentrer à Paris et le roi Jean
se remettre de nouveau à la tête de ses Etats.

Ce dauphin, devenu monarque sous le nom de
Charles V, quitta l'hôtel de Nesles pour l'hôtel
Saint-Paul ; mais il le donna à son frère, le duc de
Berry.

Ici commence une série grandiose et la rénova-
tion des orgies.

Sous le duc de Berry, l'hôtel changea complète-
ment de face. A l'intérieur comme à l'extérieur, des
améliorations et des embellissements eurent lieu.
On éleva des chapelles, des salles immenses, une
bibliothèque ; près de la tour de l'eau un jeu de
paume fut institué ; enfin les jardins furent agrandis
et les alentours subirent une élégante et charmante
transformation.

Les appartements reçurent de riches ameuble-
ments ; des lits assez grands pour contenir douze

personnes ; des dressoirs chargés de vaisselle d'or et d'argent ; des vitraux coloriés ; des siéges à marche-pieds et des splendides armures.

Ajoutons à cela de nombreux domestiques, une maison montée sur un pied royal, et on comprendra sans peine que le séjour du duc de Berri devint le réceptacle de fêtes continuelles, auxquelles prirent part les chevaliers, les hommes d'armes et les archers qui habitaient l'hôtel et en augmentaient encore le chiffre de dépenses, partagées, du reste, par le roi Charles V.

Arriva, en 1380, le règne de Charles VI, âgé de douze ans. Il fallait une régence à cette minorité ; au lieu d'une, elle en eut quatre. Les titulaires avaient nom : les ducs d'Anjou, de Bourgogne, de Bourbon et de Berri. Les plaisirs s'animèrent d'un nouvel éclat, sans égard pour les finances du royaume qui étaient aux abois.

Puis le roi devint majeur, épousa Isabeau de Bavière, et perdit la raison. Alors Isabeau recommença, d'accord avec le duc de Berri, les orgies de Marguerite de Bourgogne.

Le duc avait bien cinquante ans, quoique la reine fût jeune encore ; mais, nouvelle Messaline, elle était esclave de ses sens, et elle se laissa conduire dans de gracieux et luxueux appartements, juchés comme des nids de fauvettes dans la tour même du bord de l'eau.

Là, des fêtes nocturnes recommencèrent. Là aussi Isabeau paya son tribut à la nature qui commande l'amour vrai ; elle aima le comte d'Evreux, beau jeune homme de vingt ans, qui eut le malheur d'être jaloux de sa maîtresse.

Il la fit espionner.

Isabeau, blessée dans son orgueil et furieuse d'a-

voir été surprise dans les bras d'un manant, pensa
à se venger.

D'accord avec le duc. de Berri, elle invita le
comte d'Evreux à souper à la tour.

Au milieu de douces phrases d'amour, lorsque
l'ivresse des sens répondit à l'ivresse du vin, Isabeau résolut d'en finir avec son jaloux.

Elle prit dans ses mains la belle tête du comte
d'Evreux et déposa sur son front un ardent baiser.

— Refuseras-tu de vider une dernière coupe à
l'éternité de notre flamme? dit-elle.

— Non ! non ! répondit vivement le comte d'E-
vreux ; mais à la condition que tu rempliras toi-
même, Isabeau, la coupe qui t'a servi pendant tout
ce festin...

C'était aller au-devant des projets de la reine.

Le duc de Berri, folâtrant avec une ballerine,
regardait du coin de l'œil la scène qui se passait.

Un sourire narquois plissait ses lèvres.

Isabeau remplit sa coupe du vin doré de Chypre.
Avant de la donner au comte d'Evreux, elle le
pressa encore une fois contre son cœur, de la main
gauche; pendant ce temps, elle chercha, de la main
droite, dans sa robe de velours, et, lorsque ses lèvres touchèrent les lèvres du jeune homme, cette
même main s'agita un instant au-dessus de la coupe,
dans laquelle tomba une légère poudre blanche.

— A toi pour toujours ! murmura le comte.

Et, d'un trait, il vida la coupe pleine.

Sur le visage radieux d'Isabeau, on remarquait
une livide pâleur.

Soudain le comte d'Evreux poussa un cri étouffé
et porta la main à sa poitrine... Quelques secondes
après, il retomba sur son fauteuil.

— Il dort, fit Isabeau sans paraître émue. Qu'on le porte dans la chambre voisine.

Les varlets se hâtèrent d'obéir.

La fête continua. Puis, lorsque le jour commença à paraître, les convives se retirèrent.

La reine se fit conduire dans la chambre où les varlets avaient porté le comte d'Evreux.

Elle s'approcha du jeune homme qui, en effet, paraissait dormir; elle plaça sa main sur son cœur et s'aperçut qu'il ne battait plus.

— Faites enlever cet homme, dit-elle avec un léger frisson; il est mort subitement.

On obéit à la reine ; ses paroles furent répétées, et un médecin, appelé en toute hâte, confirma que le comte d'Evreux avait cessé de vivre par suite d'apoplexie.

Cependant Charles VI, dans ses rares instants de lucidité, n'avait pas été sans s'apercevoir de ce qui se passait autour de lui, c'est-à-dire de la conduite déréglée de sa femme et de la dilapidation des finances. Pour y remédier, il confia la régence à l'homme qu'il aimait le plus au monde, au duc d'Orléans, déjà célèbre par les infidélités qu'il faisait à sa femme, Valentine de Milan.

C'était tomber d'un excès dans l'autre.

Le duc d'Orléans plut à Isabeau et partagea ses orgies. Mais l'argent monnayé était rare. D'un commun accord, ils appelèrent à la tour de Nesles des faux-monnayeurs, et mirent en circulation une immense quantité de *livres*, qui ne furent pas reçues par les trésoriers du royaume, auxquels on avait donné le mot d'ordre.

Le peuple seul souffrit de cet état de choses. Isabeau ne s'en inquiéta point, et des troubles eurent lieu dans la rue. Le peuple attaqua et pilla l'hôtel dés Tournelles, où se trouvaient les engins à fabriquer les fausses pièces, et les illustres criminels durent cesser leur trafic.

Tour à tour encore, la tour de Nesles fut témoin des entrevues secrètes d'Isabeau et du duc de Bourgogne, ainsi que des amours d'Isabeau et du chevalier de Boisbourdon.

Le duc de Berri en fut chassé, les cabochiens le mirent à sac et à pillage ; puis le duc de Berri de nouveau y fut installé, — avec grand'peine, — tant était ardente contre lui la haine des corporations populaires.

C'est à l'hôtel de Nesles qu'il mourut, à l'âge de soixante-seize ans, en 1416, le 15 juin.

Comme il n'avait pas d'enfants mâles, après lui le domaine de Nesles retourna à la couronne et cessa quelque temps d'être habitation seigneuriale.

La guerre étant survenue avec les Anglais ; de l'hôtel et de la tour on fit une forteresse, dans laquelle on installa garnison, car la place était réputée presque imprenable.

XIII.

LA BAGUE D'UNE DUCHESSE.

Le roi Henri V d'Angleterre était d'accord avec la reine Isabeau pour trahir le pays de France.

Bientôt les Anglais furent tout-puissants à Paris, et la garnison de l'hôtel de Nesles dut s'éloigner devant les cohortes étrangères qui prirent sa place.

A cet événement, tous les cœurs français prirent le deuil, et l'on dut attendre que la Providence fît naître un sauveur de la patrie.

Ce sauveur parut : c'était Jeanne d'Arc.

Devant sa parole inspirée, les soldats sentirent s'exalter leur courage, et les Anglais furent chassés, d'Orléans d'abord, ensuite des autres villes.

A Paris, néanmoins, ils tenaient toujours l'hôtel de Nesles en leur pouvoir.

La jeunesse étudiante, qui s'est toujours montrée dans l'arène, quand il s'est agi de l'honneur national, se chargea de les en débusquer.

Elle attaqua l'hôtel, pêle-mêle, sans autre discipline que son courage, et les Anglais, massacrés et poursuivis, aperçurent en fuyant leur étendard traîné dans la fange, et le drapeau français flotter au plus haut point de la tour reconquise.

Pour remercier le connétable de Richemont des services qu'il avait rendus à sa cause pendant la guerre, Charles VII, en 1446, lui donna l'hôtel de Nesles.

Le connétable mourut sans postérité.

Le domaine revint à la couronne. En 1461, Louis XI en fit don au comte de Charolais.

C'était le petit-fils de Jean-sans-Peur, duc de Bourgogne, tué au pont de Montereau par Tanneguy-Duchatel, officier du dauphin, fils de Charles VI.

On ignore pour quelle cause le domaine sortit de la famille du comte de Charolais ; quelques historiens prétendent que Louis XI reprit volontairement le don qu'il avait fait, lorsque le comte fut tué devant Nancy.

Pendant quelques années, il resta complétement abandonné.

Sous François Ier, nous y trouvons installé Robert d'Estourville, prévôt de Paris.

Il y avait élu domicile sans aucune autorisation, apparente du moins, de la volonté royale. Mais comme le château était divisé en deux parties distinctes, le *Grand* et le *Petit-Nesles*, Robert habita ce dernier séjour, par goût d'abord, puis parce qu'il y avait toutes ses aises.

Benvenuto Cellini, l'illustre orfèvre, était à Paris depuis quelques années ; fort bien vu à la cour, il cherchait un atelier assez vaste pour lui permettre d'exécuter ses immenses travaux.

L'hôtel de Nesles lui plut ; il le demanda au roi. François Ier, qui n'avait rien à refuser au génie de l'artiste, lui en fit don par écrit ; mais il le prévint que déjà le prévôt de Paris s'en était emparé et qu'il eût à s'arranger pour l'en faire déguerpir.

Le plan de Benvenuto Cellini fut immédiatement tracé.

Seul, il se rendit à l'hôtel de Nesles, frappa au guichet et demanda à parler à messire d'Estourville.

Le prévôt avait été prévenu de ce qui s'était passé entre l'artiste et le roi. Mais il n'était nullement disposé à céder sa demeure.

Il se rendit au guichet et demanda ce qu'on lui voulait.

—Je vous apporte la donation qui m'est faite par le roi de l'hôtel que vous habitez, dit Benvenuto en passant l'acte au prévôt, et vous demande de me laisser la place libre...

Robert d'Estourville prit la donation, la lut, la déchira et en rendit les morceaux à l'orfèvre.

Puis il referma brusquement le guichet.

— Foi de gentilhomme ! s'écria Benvenuto en employant le jurement favori de François Ier, je jure que je saurai m'en rendre maître par la force.

Il rentra dans son atelier, rassembla tous ses élèves et leur raconta le refus qu'il venait de subir.

— A l'assaut ! crièrent-ils d'un commun accord.

Ce qui fut dit fut fait.

Le lendemain l'hôtel était pris par les élèves de l'orfévre ; Robert d'Estourville ne possédait plus que le Petit-Nesles ; François Ier, d'une fenêtre du Louvre, ayant assisté en souriant à l'escalade qui se passait sous ses yeux, refusa d'écouter les doléances du prévôt qui sollicita une audience.

Benvenuto établit son atelier principal sur la plate-forme de la tour.

Il se réserva un appartement dans l'intérieur, et donna les autres chambres à ses élèves.

Néanmoins, comme il avait aussi ses sympathies, la plus ornée fut pour son favori Luis, qui marchait le mieux sur ses traces dans les travaux artistiques.

Cette chambre n'était autre que la fameuse salle témoin des orgies de Marguerite de Bourgogne et d'Isabeau de Bavière.

François Ier aimait les hommes au caractère chevaleresque ; Benvenuto était de ce nombre ; aussi roi et statuaire avaient-ils ensemble de longues conférences.

Tantôt elles avaient lieu au Louvre, tantôt à la tour de Nesles, selon que le roi était plus ou moins disposé à quitter son palais, ou à ne pas en sortir.

Dans ce dernier cas, il faisait prier, *avec égard*, Benvenuto de venir le trouver. Il était rare que l'artiste ne remportât pas, à la suite de la conversation, quelques marques de la munificence royale.

Lorsque François Ier, au contraire, était disposé à considérer les travaux dont on ne pouvait lui apporter les preuves, alors il sautait dans une barque, traversait la Seine, arrivait à la porte d'eau de la tour et montait à la plate-forme.

C'était alors un remue-ménage de prévenances

et d'attentions ; c'était, enfin, à qui des élèves mettrait le plus de zèle, à côté du maître ès-arts, pour plaire au roi protecteur.

Luis n'était jamais en retard dans ces sortes de circonstances ; d'ailleurs c'est lui qui remplaçait Benvenuto pendant son absence.

Rarement François Ier se rendait seul à la tour de Nesles ; une femme l'accompagnait, femme célèbre par sa beauté et son empire sur le souverain.

C'était la duchesse d'Etampes.

La duchesse était arrivée, à force de finesse naïve en apparence, à détrôner Mme de Chateaubriand ; à cette époque donc elle régnait en maîtresse absolue, malgré madame Louise de Savoie, cette impérieuse mère de François Ier.

Anne de Pisselen s'était fait aimer de tous, par sa gracieuseté sympathique. Sa cour, à elle, était aussi brillante que celle de la reine ; elle avait pour chantre Clément Marot, le poëte Tadin, et pour *faiseur d'ornements* Benvenuto, qui trouvait dans son génie les plus beaux modèles de parures, afin d'être agréable à la duchesse.

Cependant ils avaient été ennemis dans l'origine, et cela à propos du siége de l'hôtel soutenu par Robert d'Estourville ; mais cette inimitié avait cessé comme un nuage qui se dissipe aux feux d'un beau soleil, et, depuis lors, la duchesse accompagnait le roi dans ses visites aux travaux de l'artiste, sinon dans toutes, au moins dans la plupart.

Quelquefois, enfin, elle se rendait seule à la tour ; ces visites isolées tenaient à une autre cause que nous allons connaître.

Deux fois déjà le nom de Luis, favori de Benvenuto, s'est échappé de notre plume.

Luis, qu'Alexandre Dumas appelle Ascanio, était

bien le plus charmant élève statuaire que l'on pû
voir.

Il avait vingt ans à peine ; sa figure était semblable à celle d'Apollon ; de fins cheveux blonds
tombaient sur ses épaules ; ses yeux étaient bleus
de ciel ; une moustache naissante ornait sa lèvre su-
périeure.

C'est ce jeune homme qui, plus d'une fois, fit
rêver la duchesse ; voilà pourquoi, seule, elle se
rendait quelquefois à l'atelier de Benvenuto ; elle
éprouvait un certain charme à être reçue par Luis,
et à se faire expliquer par lui les mystères de la
statuaire.

Mais quelle est la femme, belle surtout, qui
n'aime à se l'entendre dire ? Jusqu'alors Luis n'avait
reçu la duchesse qu'avec respect ; ce n'est pas ce
qu'elle désirait.

A force de rêver, elle voulut savoir si, parfois, le
jeune artiste n'était pas à son tour visité par son
image resplendissante. Le moyen de l'apprendre
était de questionner la réalité.

Un jour que le roi s'était retiré dans son appar-
ment, sous prétexte de légère indisposition, Anne
fit approcher la barque qui, d'ordinaire, servait
aux traversées et pénétra, seule, à la tour par la
porte d'eau.

Elle fut reçue par Luis qui, de loin, l'avait vue
s'approcher, — parce que de temps à autre il jetait
ses regards vers le Louvre, — et le jeune homme
rougit en tendant la main à la jolie femme pour
l'aider à débarquer.

Arrivée à la moitié environ de la hauteur de la
plate-forme, Anne fut prise d'une entorse subite et
parut ne plus pouvoir monter.

Offrir à la visiteuse de se reposer sembla tout simple à l'élève. Il ouvrit la porte de sa chambre, qui se trouvait juste en face de l'endroit où la duchesse venait d'être saisie de son accident subit, et bientôt elle fut installée dans un bon fauteuil, au milieu d'ornements remarquables qui couvraient les murs de la retraite parfumée du jeune homme.

Luis allait et venait, cherchant un remède aux souffrances dont la duchesse ne se plaignait pas du tout, quand un geste, accompagné d'un divin sourire, l'invita à s'asseoir, ce qu'il fit en baissant les yeux, non sans rougir encore plus fort.

La conversation s'engagea. Il est inutile de dire que l'entorse n'y eut encore aucune part.

— Cette chambre est donc la vôtre ? fit la duchesse d'une voix légèrement émue.

— Oui, madame, et je regrette qu'elle ne soit pas un palais, répondit Luis avec embarras, mais sans gaucherie.

— Pourquoi ?

— Parce qu'un palais seul doit recevoir les reines de la beauté !...

— Oh ! oh ! de la galanterie...

— Non, madame, je dis vrai... mais, pardon si je vous ai offensée...

Anne ne répondit que par un sourire en tendant sa main au jeune homme qui la pressa sur ses lèvres... un peu vivement peut-être, car la duchesse tressaillit.

Quelques minutes de silence s'écoulèrent, pendant lesquelles ni l'un ni l'autre n'osèrent se regarder.

Anne comprit la fausseté de la situation et reprit la parole la première.

— Cette chambre a vue sur le Louvre, dit-elle

en levant la tête vers une fenêtre étroite à vitraux gothiques.

— Oui, madame... C'est le maître lui-même qui me l'a choisie ; il prétend que les souvenirs historiques exaltent l'imagination de l'artiste.

— Ne serait-ce pas, en effet, le lieu où Marguerite de Bourgogne et Isabeau de Bavière...

Elle s'arrêta avec intention.

— Oui, madame, fit Luis dont la rougeur reparut encore.

— Et... votre maître a-t-il eu raison ? votre âme s'exalte-t-elle aux souvenirs du passé ?

— Oh ! oui...

— Quelquefois ces femmes vous apparaissent ?

— Toujours !...

— Vous auriez voulu les connaître ?

— Et les aimer...

La duchesse était haletante.

— Cependant c'était la mort pour qui leur donnait son amour...

— Qu'importe ! on peut mourir après avoir été aimé d'une reine...

Par un mouvement dont il ne se rendit pas compte, Luis prit à son tour la main de la duchesse.

— Heureusement, murmura-t-elle, aujourd'hui les reines ne tuent plus... Quelquefois on peut les aimer.

Les cheveux blonds de l'élève touchèrent le front de la royale courtisane.

Une heure après, à travers la fenêtre entr'ouverte, ils regardaient le Louvre, appuyés l'un contre l'autre.

Soudain Anne la referma en poussant un léger cri.

De l'autre côté de la Seine, derrière de grands

rideaux, à une chambre du palais, elle avait vu paraître la figure pâle de François Ier.

— Ami, dit-elle à Luis, montons à la plate-forme, et montre-moi les beautés que tu burines en ce moment. Viens, viens... on pourrait nous surprendre.

Anne et Luis montèrent donc aussitôt à la plate-forme ; d'entorse il n'y avait plus nulle trace, à en juger par la démarche hâtive de la jolie femme.

Elle fut reçue par les élèves de Benvenuto, qui lui détaillèrent tous les travaux en cours d'exécution.

Dans une coupe magnifiquement sculptée qui reposait sur un dressoir, elle aperçut une bague surmontée d'un petit médaillon.

Elle la prit et la considéra ; c'était son portrait.

Puis ses yeux se portèrent sur Luis qui, les mains jointes, semblait implorer sa grâce ; il était le peintre du médaillon.

Un délicieux sourire fût sa récompense.

Tout à coup François Ier parut sur la plate-forme ; sa figure était bouleversée ; on pressentait les orages qui grondaient dans son cœur.

La duchesse ne s'était pas trompée ; de la chambre de Luis, c'était bien le roi qu'elle avait aperçu derrière les rideaux du Louvre ; le roi, qui avait bonne vue, et, se doutant qu'on le trompait, était accouru à la tour de Nesles.

— Vous ici, madame la duchesse, s'écria-t-il les dents serrées ; et point ne m'avez prévenu de cette visite ?...

— Parce qu'elle est de celles que vous ne deviez point connaître, cher sire, repartit la duchesse sans s'émouvoir.

Elle était femme, et une femme se tire toujours d'un mauvais pas.

Quant à Luis, au coup d'œil oblique que lui lança le roi, il se crut perdu.

— Vraiment ! riposta François Ier railleur, me prépariez-vous donc quelque surprise?...

— Peut-être !

— Foi de gentilhomme ! c'est ce que je suis curieux de connaître !

Au ton dont furent prononcées ces paroles, la duchesse comprit que la foudre allait éclater. Elle brusqua le dénoûment.

— Allons, beau sire, dit-elle de son intonation la plus mignarde, comme vous serez toujours jaloux, je dois tout vous dire...

— Enfin ! j'écoute...

— Oui, je suis venue seule, en cachette, comme je l'ai fait tant de fois déjà pour poser devant ce gentil statuaire...

Elle désigna Luis.

— Et dans quel but ? demanda le roi qui ne comprenait rien à l'explication.

— Dans le but de vous faire un cadeau...

— A moi?

— Tenez, méchant...

Et la duchesse remit à François Ier la bague surmontée du portrait, achevé par Luis dans une autre intention...

Mais l'artiste propose et la femme dispose. Luis tressaillit; un signe imperceptible de la duchesse le rassura.

— Oh ! chère Anne, s'écria François Ier, ravi d'un tel présent ; pardon de mes soupçons injustes, et merci !...

— Etes-vous rassuré maintenant ?

— Pour toujours, chère étoile de ma vie... Et vous payerai tant de peine que vous ai faite; oui, vous payerai en richesses et en honneur.

C'est ainsi que la duchesse d'Etampes se tira de cette situation scabreuse.

Le roi fut tellement enthousiasmé de sa bague, qu'il ne pensa plus à demander à sa mie pourquoi il avait vu sa maîtresse à la fenêtre de la tour appuyée sur l'épaule du gentil statuaire.

Roi et courtisane descendirent les marches de pierre pour rejoindre la barque qui devait les reconduire au Louvre. Ils étaient accompagnés jusqu'à la porte d'eau par tous les élèves de Cellini.

Au moment de mettre le pied dans l'esquif, le roi gentilhomme se tourna vers Luis et lui demanda quelle récompense il désirait pour avoir miniaturé ce coquet chef-d'œuvre.

— Je suis déjà trop récompensé, sire, répondit le jeune homme en jetant un regard à la duchesse, puisque j'ai causé un instant de bonheur à Votre Majesté!...

La barque s'éloigna.

Quant au véritable payement de la bague, l'histoire dit que ce fut Anne elle-même qui s'en acquitta envers l'aimable artiste.

XIV.

LA SAINT-BARTHÉLEMY.

François Ier mourut en 1547. Henri II lui succéda.

Benvenuto était retourné en Italie, et la tour de Nesles rentrée encore une fois au pouvoir de la couronne.

Les finances continuaient à rester dans un triste état. Henri II, pour y remédier, ordonnança la fabrication de nouvelles pièces de monnaie.

Par décret de 1550, la tour de Nesles fut choisie pour contenir les ateliers qui devaient accroître la fortune publique.

Les forges du monnayage y furent donc installées, et pendant quelque temps on frappa des pièces de deux sous six deniers.

C'est cette monnaie que le peuple, dans son langage imagé, nomma pièces de *six blancs*.

Puis la fabrication cessa et l'hôtel fut mis en vente à l'encan. Nul acheteur ne se présenta ; l'histoire n'en désigne pas la cause.

Quoiqu'on eut menacé de le démolir, nous le trouvons encore debout sous le règne suivant, celui de François II, monarque qui épousa Marie Stuart, qui, après la mort de son époux, s'en retourna en Écosse, où elle assassina son second mari et épousa l'assassin en troisièmes noces.

Mais n'anticipons pas sur les événements, et voyons quel rôle joua la tour dans la vie de la royale Écossaise, dont on chante encore le remarquable adieu à la France ; pauvre femme, dont les malheurs égalèrent au moins les crimes.

Déjà commençait la lutte des huguenots contre les catholiques. Les huguenots ne rêvaient que l'anéantissement des Guise qui portaient ombrage à la religion réformée.

Marie Stuart leur vint en aide et conspira contre les Guise.

Elle était cependant catholique ; mais elle avait pour amant un de ses cousins, Robert Stuart, qui appartenait aux *réformés*.

Par amour donc elle trahit sa religion.

Les galants rendez-vous de Robert et de Marie avaient lieu dans la tour de Nesles, car il semblait écrit que ce bâtiment sombre devait être le boudoir des reines.

Après les phrases de cœur vinrent les complots de sang.

Là on noua toutes les trames de la conjuration ; on décida qu'environ quinze cents réformés se rendraient au château d'Amboise, s'empareraient des Guise, puis feraient demander au roi, pour leur rançon, la liberté religieuse.

Robert devait être parmi eux ; les douces caresses de Marie l'en empêchèrent.

Pendant que les conjurés périssaient au château d'Amboise, surpris par les archers de la maison de Guise, Robert, aux genoux de sa maîtresse, murmurait un serment de vasselage du cœur...

Peu de réformés échappèrent au massacre.

Lorsque Robert quitta sa maîtresse pour rejoindre en hâte ses frères, qui ne savaient que penser de son abandon, il fut arrêté sur le quai du Louvre par des soldats du roi, — qui lui présentèrent leurs mousquets pour l'empêcher d'aller plus loin.

— Que me voulez-vous ? dit-il atterré d'une pareille rencontre.

— Etes-vous Robert Stuart ?

— Oui.

— Le cousin de notre gracieuse reine ?...

— Oui. De quel droit me barrez-vous passage ?

— Il faut nous suivre.

— Qui a signé l'ordre ?

— Notre roi. Voici le sceau de l'Etat.

Le chef des archers montra à Robert un parchemin parfaitement en règle.

Il n'y avait pas à faire résistance. D'ailleurs Robert n'avait que son épée, la lutte était impossible contre plusieurs hommes d'armes.

Il fut conduit à Vincennes et emprisonné dans le donjon.

Marie ne lui vint nullement en aide. Elle avait trop de crainte de se compromettre aux yeux de son royal époux.

Nous ne nous occuperons pas du sort de Robert ; les mystères du donjon de Vincennes ne rentrent pas dans le cadre de notre histoire.

Sous le règne suivant, c'est-à-dire sous Charles IX, l'hôtel était habité par Louis de Gonzague, duc de Nevers, mari de Henriette de Clèves, dont nous allons avoir occasion de parler.

Maïs, comme son prédécesseur, Charles IX avait besoin d'argent. Il prononça la mise en vente du vieux manoir de Marguerite de Bourgogne.

Le duc de Nevers se soumit à l'ordonnance et n'attendit plus que son effet.

Il n'en fut pas de même de sa femme, Henriette de Clèves, qui avait une prédilection toute particulière pour la tour du bord de l'eau. Cela se conçoit.

Henriette était intimement liée avec Marguerite de Valois, sœur du roi. Toutes deux avaient un amant. Marguerite chérissait La Mole ; Henriette se serait fait tuer pour un cadet de Gascogne, nommé Coconnas, et la tour éclairait leurs secrets rendez-vous.

Elles mirent dans leurs intérêts la reine-mère, Catherine de Médicis ; et, à l'aide de ce puissant renfort, le roi, qui était d'un caractère faible, tergiversa d'abord puis, ne sachant à qui entendre, abandonna la partie devant de plus sérieuses préoccupations.

Nous dirons peu de chose ici de Marguerite de

Valois, surnommée la reine Margot. Nous lui avons consacré une notice spéciale à la fin de l'ouvrage ; nous y renvoyons donc nos lecteurs.

Pendant que Catherine de Médicis employait son influence auprès de Charles IX pour satisfaire le caprice de sa fille, Coconnas, qui avait autant d'intérêt qu'Henriette de Clèves à ne pas se voir privé de la tour, proposa un moyen de tout arranger, moyen qui lui parut plausible.

Il s'agissait d'acheter au roi l'hôtel et la tour et de ne pas les payer.

Ce plaidoyer n'obtint qu'un succès de rire auprès de la duchesse de Nevers.

Il fallut donc y renoncer.

D'ailleurs la nuit horrible de la Saint-Barthélemy approchait. Charles IX, moralement torturé par sa mère, qui haïssait les huguenots, ne pouvait se décider à donner l'ordre d'égorger ses sujets.

— Etes-vous bien sûre qu'on nous approuvera, madame ma mère ? disait-il en baissant le regard devant l'altière Catherine.

—Oui, mon fils, toute la chrétienté vous regarde ! répondait-elle. Depuis assez longtemps Coligny nous brave; et nous devons faire respecter la religion catholique...

— Mais... outre les soldats qui nous doivent obéissance, trouverons-nous des gentilshommes qui fassent le dur métier de tueurs ?...

— J'en réponds. Toute la noblesse chrétienne de France n'attend plus que le signal qui sera donné par le beffroi de Saint-Germain-l'Auxerrois...

— N'en épargnera-t-on pas quelques-uns ?...

—Pas même Henri de Navarre, le récent mari de votre sœur Marguerite... Il a refusé d'entendre la messe...

Charles IX, dompté par le caractère de fer de Catherine, se soumit et signa l'ordre.

Le massacre fut donc décidé pour le soir même.

Cependant Catherine voulut en avertir Marguerite ; car cette dernière ayant épousé un calviniste, la reine-mère craignait que la haine religieuse ne s'étendît jusqu'à l'épouse, quoique parfaitement catholique.

Elle la chercha partout dans le Louvre, sans la rencontrer nulle part.

Enfin elle se souvint que parfois elle recevait des galants à la tour de Nesles ; elle s'y rendit.

Marguerite, en effet, commettait joyeuse orgie avec La Mole, Henriette de Clèves et Coconnas.

L'arrivée de Catherine produisit sur les amants l'effet de la tête de Médûse.

— Je n'ai aucun reproche à vous adresser, dit en toute hâte la reine-mère ; chacun dispose de soi comme il l'entend... Mais un moment solennel s'approche... Ecoutez-moi...

Les amants, remis de leur stupeur, prêtèrent attentivement l'oreille, autant que le leur permirent du moins les vapeurs de l'ivresse, qui déjà enveloppaient leurs esprits.

— Charles IX, notre roi et fils bien-aimé, chagrin des dissensions qui existent depuis longtemps entre les catholiques et les huguenots, a résolu d'y mettre un terme...

La Mole et Coconnas se levèrent. Le ton de Catherine, en prononçant ces paroles, les avait complétement dégrisés.

— Que compte donc faire notre gentil sire ? dirent-ils.

— Cette nuit, entre une heure et deux, sonnera le glas de Saint-Germain-l'Auxerrois. La cloche du

Palais de Justice, celle des autres églises lui répondront immédiatement, et alors...

— Alors ? interrogèrent à leur tour Henriette et Marguerite.

— Alors la tuerie commencera ! Il faut que demain pas un huguenot ne demeure vivant dans notre bonne ville de Paris !

— Merci de cette heureuse nouvelle, madame la reine ! dit Coconnas. Assurez notre gracieux sire qu'il peut compter sur mon épée, ainsi que sur celle de mon ami La Mole... n'est-ce pas, ami ?

La Mole fit un signe affirmatif.

La duchesse de Nevers était rayonnante de voir tant d'enthousiasme dans le cœur de son amant.

Quant à Marguerite, elle demeurait rêveuse.

Elle cherchait le moyen de faire prévenir son époux, Henri de Navarre, afin qu'il échappât au massacre qui, nécessairement, devait l'atteindre.

Certes elle n'aimait pas celui que la politique lui avait donné pour compagnon de sa vie ; elle le trompait même avec un certain plaisir, mais elle ne voulait pas avoir sa mort à se reprocher.

La reine mère fit un pas pour s'éloigner.

Mais, au moment de disparaître derrière la tapisserie qui dérobait la porte de sortie, elle se retourna.

— Je t'en prie, Margot, dit-elle, ce soir ne quitte pas le Louvre...

— Non, madame ma mère, répondit Marguerite, qui venait de trouver son moyen.

— Quant à vous, mes gentilshommes, à cette nuit, sur la place Saint-Germain-l'Auxerrois !...

— Nous y serons ! affirmèrent La Mole et Coconnas.

La reine-mère disparut.

Peu de temps après, les amants se séparèrent.

La nuit même tinta le glas funèbre. Le massacre commença par le meurtre de l'amiral Coligny.

Au jour, une immense quantité de cadavres jonchait les rues de Paris. On tuait tout ce qui n'avait pas revêtu le signe sacré de la religion du Christ.

Pour rendre la fête plus complète, Charles IX, de son balcon, tira de l'arquebuse sur les passants.

Marguerite sauva Henri de Navarre.

La Mole se battit comme un lion contre les huguenots qui se défendaient. Coconnas, au contraire, blessé dans la nuit même des meurtres, se fit conduire à la tour de Nesles.

Il y fut reçu par Henriette de Clèves, qui s'installa à son chevet, et ne voulut pas qu'un autre le soignât qu'elle-même.

Avec si gentil médecin, Coconnas se rétablit aussi promptement que possible.

Cependant, quoique encore faible, il résolut d'aller demander au roi la récompense des services qu'il avait rendus à la religion en tuant les huguenots et se faisant blesser par eux.

Mais Charles IX n'était déjà plus que l'ombre d'un roi et le fantôme d'un homme.

Depuis le fatal massacre, des visions effrayantes poursuivaient le fils de Catherine de Médicis.

Bien pis, une maladie terrible était venue l'atteindre ; le sang lui sortait par tous les pores.

Il s'acheminait lentement vers la tombe.

Lorsque Coconnas, après avoir eu beaucoup de peine à parvenir jusqu'au monarque, lui exposa la récompense qu'il désirait, en citant ses exploits catholiques, Charles IX entra dans une colère effroyable, et fit chasser le gentilhomme.

Coconnas jura de se venger.

En effet, d'accord avec La Mole, Henriette et

Marguerite, il fit venir à la tour de Nesles l'astrologue Cosme Ruggieri et lui demanda un secret pour faire périr le roi Charles IX.

Cosme Ruggieri, alléché par l'argent, quoiqu'il fût l'âme damnée de la reine-mère, consentit à tout ce qu'on exigea de lui, et la conspiration promit d'aboutir à sa fin.

Malheureusement pour tous, Catherine de Médicis avait fait surveiller Coconnas, après l'esclandre qui s'était passé au Louvre.

Elle se doutait bien que le cadet de Gascogne machinerait quelque téméraire entreprise.

Elle parut chez Cosme Ruggieri, au moment où ce dernier revenait de la tour de Nesles.

Par la menace et la ruse, elle apprit de lui ce qu'elle voulait savoir.

Une heure après, La Mole et Coconnas étaient arrêtés et leur procès s'instruisit promptement.

Nous verrons ce qui leur advint dans la notice sur les *Amours de la reine Margot*.

XV.

DÉCADENCE ET DESTRUCTION.

Nous approchons de la fin de notre histoire.

Les événements qui suivirent la Saint-Barthélemy ne méritent d'être rapportés que comme documents chronologiques.

Le *boudoir des reines* ne doit plus être témoin que de deux aventures galantes, et encore ne sont-ce pas des reines qui en furent les héroïnes.

Lorsque Charles IX mourut, suintant le sang par tous les pores, — châtiment que lui envoya la

Providence pour le punir du massacre des huguenots, — Henri III, son frère, régnait à Varsovie.

A la première nouvelle que le trône était vacant, il se hâta d'accourir, afin d'hériter de la couronne.

Mais la guerre civile avait répandu sa lèpre hideuse sur la France.

Le roi de Navarre, depuis Henri IV, venait d'abjurer le catholicisme, qu'il avait embrassé par force, et s'était enfui de la cour pour échapper à la mort.

Uni au prince de Condé et au duc d'Alençon, il prit les armes et s'avança sur Paris. Nous laisserons aux historiens le soin de raconter les détails de la lutte, de la paix qui se signa en 1576, de la liberté accordée aux cultes, de la réhabilitation de l'amiral Coligny, enfin de la reprise des hostilités.

Comme une déesse menaçante, Catherine de Médicis domina les incidents de la *Ligue*, qui eut pour résultat l'avénement au trône de Henri IV, ce roi qui trouva que Paris valait bien une messe, — en embrassant de nouveau le catholicisme, — et qui, plus tard, songea au bien-être de ses sujets, en émettant le dicton populaire de la *poule au pot*.

Sous les monarques précédents, la détresse des finances puisait sa source dans la dilapidation et le libertinage des courtisans, voire même du maître.

Sous Henri III ce fut la guerre civile qui inspira l'idée de faire argent de tout.

Après avoir épuisé ses ressources particulières, le roi songea à vendre l'hôtel et la tour de Nesles.

L'ordre de mise en vente fut donc immédiatement donné.

Le domaine était encore habité par le duc de Nevers, époux de Henriette de Clèves ; mais, comme la première fois, — dix années auparavant, — il n'y avait pas à résister à la volonté du fils de Catherine de Médicis.

Malgré les instances de sa femme, le duc de Nevers le comprit.

Cependant Henriette ayant encore des motifs secrets pour conserver le *boudoir* où tant de fois elle s'était trouvée avec Coconnas et Marguerite de Valois, elle employa un subterfuge.

Elle décida son mari à acheter ce dont on voulait le chasser par une vente.

De la sorte le duc satisferait aux exigences du trésor royal, et Henriette conserverait un refuge pour ses plaisirs, auxquels venaient prendre part encore les dames du plus haut lignage. Ainsi fut fait.

Sans toucher à la tour, le duc détruisit et rebâtit une partie de l'hôtel afin de le rendre plus habitable ; le passage des Anglais y ayant laissé de graves désordres, ainsi que le gaspillage des *cabochiens*, qui avaient porté une main sacrilége sur les plus riches ornements.

Toutefois, avant de mettre les maçons dans l'immeuble, il dut payer une redevance à l'abbaye de Saint-Germain-des-Prés, qui élevait des prétentions sur son appropriation.

Nous avons dit plus haut que les dames du plus haut lignage se rendaient encore secrètement à la tour ; en effet, la duchesse de Guise y fut surprise par son mari, qui se contenta, pour la première fois, de lui faire peur en feignant de l'empoisonner.

La seconde fois il embusqua des assassins et fit égorger, à sa sortie, le comte de Saint-Mégrin ; ce dernier avait été dénoncé par Bassompierre, envoyé près du duc de Guise, en cette circonstance, par le cardinal de Guise et le duc de Mayenne.

Tous ces détails, parvenus à la connaissance du duc de Nevers, ainsi que la persistance d'Henriette de Clèves, à passer la plus grande partie des journées à la tour, quand l'hôtel était devenu séjour gracieusement habitable, donnèrent à l'époux des soupçons poignants sur la fidélité de sa compagne.

Pour arriver à se faire confirmer la preuve de la trahison conjugale, il s'y prit adroitement.

Il vint trouver Henriette, et, présentant le mauvais état de la tour, qui, disait-il, menaçait ruine, il parla de la faire complétement démolir.

Henriette se récria d'abord, puis lutta de finesse pour détourner l'époux de son dessein, enfin refusa de quitter l'habitation dans laquelle elle se plaisait, jusqu'à ce que le duc, vaincu en apparence, consentît à ne pas gêner un caprice dont il comprenait maintenant toute la traîtresse portée.

Alors, jour et nuit, il fut sur ses gardes pour surprendre Henriette en flagrant délit d'adultère.

La duchesse éprouvait une passion violente pour M. de Joyeuse, qui, depuis peu de temps, avait épousé la sœur du roi Henri III.

A force de ruse et d'audace, elle finit par s'en faire comprendre.

Bientôt les rendez-vous d'amour recommencèrent, et la porte d'eau s'ouvrit pour recevoir le beau-frère du monarque.

Une amie, Marguerite de Valois, était chargée de veiller sur les amants et de les prévenir du danger qui pourrait venir du Louvre.

D'une autre part, des serviteurs gagnés, à l'hôtel même de Nesles, devaient épier les pas de M. de Nevers.

Avec de semblables remparts, le plaisir alla bon train, sans être compromis.

Mais les maris ont de la patience et les amoureux ne sont pas toujours vigilants.

Une nuit, où Henriette et M. de Joyeuse étaient enfermés dans la salle que nous connaissons, ils furent éveillés en sursaut par des coups bruyamment frappés à la porte dont ils avaient tiré les verroux.

— Ouvrez ! cria la voix irritée de M. de Nevers.

Henriette, stupéfaite d'abord, reprit aussitôt son sang-froid.

— Qui est là ? fit-elle sans émotion.

— Ouvrez ! ou j'enfonce la porte...

Joyeuse avait déjà sauté en bas du lit et saisissait son épée.

Une main l'arrêta, et Henriette, tout bas, lui ordonna de n'en rien faire.

— Attendez un instant, reprit-elle, en s'adressant au visiteur importun. Je m'habille et vous ouvre ensuite, comme vous le demandez...

Quelques minutes se passèrent.

— Ma patience est à bout ! cria de nouveau la voix du dehors.

Henriette ouvrit la porte et le duc de Nevers se précipita dans la chambre, suivi de varlets qui portaient des torches.

Il se mit à fureter dans tous les coins. Son visage exprimait la colère.

— Enfin ! je vous surprends donc, madame, dit-il, et vous payerez aujourd'hui même votre infamie !...

Un franc éclat de rire lui répondit. C'était Henriette qui se livrait à cette bruyante raillerie.

Le duc s'arrêta désappointé.

— Que cherchez-vous donc ? demanda la rieuse.

— Votre amant, madame.

— Cherchez, monsieur, cherchez... riposta-t-elle en s'asseyant.

Et le rire recommença de plus belle.

Mais le duc s'approcha d'une boiserie qui semblait former une cachette.

Henriette pâlit et se leva.

— Enfoncez cette boiserie, cria M. de Nevers, qui avait vu ce changement de physionomie.

Avant que la duchesse pût s'opposer à l'ordre que son mari avait donné à ses varlets, la boiserie était enfoncée.

Elle formait une cavité ; mais cette cavité était vide.

Henriette, rassurée, retrouva son éclat de rire et s'en donna à cœur joie.

M. de Nevers, enfin, se retira en zézayant des excuses d'avoir troublé le sommeil de sa femme.

A peine fut-il parti qu'Henriette poussa les verroux et se précipita vers la boiserie brisée.

C'est là, en effet, que Joyeuse s'était caché ; mais comment avait-il disparu ?

Elle l'apprit bientôt. Joyeuse sortit d'une double cachette, dissimulée dans la boiserie même par une double trappe, que le hasard lui avait fait découvrir.

Les amants se consolèrent ensemble de l'alerte qui leur avait été donnée, et, au point du jour, Joyeuse, déguisée en femme, s'échappa par la porte du quai.

Toutefois cette aventure fut une leçon pour Mme de Nevers.

Elle alla trouver son époux et se rendit au vœu qu'il avait formé de la voir quitter la tour maudite.

L'époux abandonna tous ses soupçons, et, son amour-propre étant satisfait, puisqu'il pouvait démentir les injurieuses allusions des courtisans du Louvre, il combla Henriette d'égards et d'attentions délicates.

A dater de ce moment ils firent bon ménage ; du moins la chronique ne vient pas détruire notre assertion.

Telle fut la dernière aventure galante de la tour de Nesles.

Les années s'écoulèrent. Longtemps l'hôtel fut habité, mais la tour tomba peu à peu en ruines, sans qu'on y prêtât nulle attention.

En 1655, l'édilité parisienne s'empara de la propriété pour cause d'utilité publique.

Déjà le ministre Guénégaud avait, à sa place, fait construire un hôtel qui porta son nom.

Nous empruntons, à M. Paul de Coudei, l'historique de la décadence du monument qui fait le sujet de notre livre :

« Le 30 avril 1670, la veuve du prince de Conti acquit l'hôtel Guénégaud, au nom de ses fils mineurs, par un contrat d'échange qu'elle fit de la terre et seigneurie de Bouchet.

« En résumé, le vaste terrain occupé anciennement par l'hôtel de Nesles fut morcelé au XVIIe siècle. On y bâtit d'abord l'hôtel de Nevers, puis l'hôtel Guénégaud, qui s'appela plus tard hôtel de Conti, et, enfin plusieurs maisons bourgeoises ; ce qui restait de l'emplacement de l'hôtel de Nesles fut occupé par le collége des Quatre-Nations.

« Lors de la construction de ce dernier édifice, sous le règne de Louis XIV, on abattit la *tour* et la *porte* de Nesles, on détruisit les restes du mur de l'enceinte de Philippe-Auguste et on combla les fossés ; de telle sorte qu'il ne resta plus rien des immenses constructions qui avaient fait partie de l'hôtel de Nesles, ou seulement en avaient porté le nom. »

Aujourd'hui, si les curieux veulent évoquer le souvenir du *boudoir des reines*, ils n'ont qu'à se rendre sur le quai Conti. Là, tournés du côté du vieux Louvre, ils regarderont couler les eaux de la Seine... peut-être leur apparaîtra le fantôme de Marguerite de Bourgogne.

FIN DE LA TOUR DE NESLES.

LES AMOURS

DE LA

REINE MARGOT.

I.

La reine Margot, ainsi nommée dans l'intimité par sa mère, n'est autre que Marguerite de Valois, dont nous avons légèrement parlé dans l'histoire précédente.

Elle était fille de Henri II et de Catherine de Médicis, et, par conséquent, sœur de François II et de Charles IX.

Nous ne raconterons pas sa vie politique ; ses aventures galantes seules doivent nous occuper. Et encore les narrerons-nous avec toute la sobriété que comporte ce volume, destiné à être lu par tous ceux qui cherchent de sûrs renseignements historiques, au milieu des commentaires nombreux qui ont rendu compte des temps passés.

« Marguerite de Valois aimait beaucoup ses amants, a dit Chateaubriand, mais tandis qu'ils vivaient. A leur mort, elle les pleurait, faisait des vers pour leur mémoire, déclarait qu'elle leur serait toujours fidèle...

« .... Et, dès le soir même, Marguerite était *prise*, et mentait à son amour et à sa muse.

« Elle était tolérante et humaine; elle sauva plusieurs victimes de la Saint-Barthélemy; ses chants étaient répétés par toute la cour; ses *Mémoires* sont pleins de dignité, de grâce et d' intérêt. »

Marguerite, née le 14 mai 1552, avait une grande facilité de mœurs; son amour des plaisirs allait jusqu'au mépris de la décence; le tempérament et l'habitude lui tenaient lieu de passions, et elle s'y livrait sans prudence et sans réflexion. Sa beauté avait un éclat surprenant; le don de plaire lui était familier; enfin, d'une existence austère en apparence, elle se livrait dans la retraite à la volupté la plus recherchée.

Ce contraste frappant a donné lieu à une multitude d'appréciations. — Les écrivains sérieux s'en sont servis pour ne raconter que la vie publique de la sœur d'un roi. Les romanciers, au contraire, se sont emparés de la vie privée et en ont tiré des aventures fort attrayantes, amusantes même, mais côtoyant toujours la vérité, sans jamais y aborder que par certains détours.

Nous ne partageons pas l'opinion de d'Aubigné qui, dès l'âge de onze ans, livre cette princesse aux bras de Charin et de d'Antragues. Ce serait un fait repoussant d'après les lois de la nature; nous admettons plutôt le commerce intime qu'elle eut avec le duc d'Anjou, en 1569, lorsqu'elle alla, après la victoire de Jarnac, le féliciter sur ses triomphes, en compagnie de sa mère Catherine, et du roi son frère; et encore est-on porté à croire que ce bruit ne fut répandu par la reine mère, que parce qu'il servait ses projets politiques.

Catherine de Médicis sacrifia, en effet, à sa politique, non-seulement ses amis et ses proches, mais encore ses enfants.

Notre appréciation se fonde sur l'histoire.

Le duc de Guise tomba éperdument amoureux de Margot; son ambition, d'ailleurs, s'accommodait avec ses amours. Margot répondit aux galanteries du duc, et l'aima autant qu'elle en fut aimée. A cet égard, les désordres de la femme ont donné lieu à tant d'anecdotes satiriques qu'on est tenté d'en rejeter une partie, comme ce qui concerne d'Antragues et Charin, appelé par d'autres Charins, et dont Brantôme a fait l'éloge sous le nom de Charry, capitaine du roi, tué par d'Andelot. A la cour, du reste, la corruption avait atteint sa dernière période.

Afin de mettre un terme aux luttes qui existaient entre les catholiques et les huguenots, la politique négocia le mariage de Marguerite avec Henri, prince de Navarre, et qui plus tard devint Henri IV. On passa par-dessus la délicatesse du point de vue religieux, surtout en ce qui concernait la cérémonie nuptiale, et ce mariage eut lieu le 18 août 1572.

II.

Marguerite n'aima point son mari; *elle le trouvait mal propre.* On comprendra, d'après cette énergique expression, tirée des mémoires du temps, pourquoi elle ne se fit pas faute de se livrer aux impulsions du plaisir hors du lit conjugal.

Son pauvre cœur était d'ailleurs donné à un gen- .

tilhomme que nous avons déjà nommé, Joseph de
la Mole, jeune, aimable, le plus bel homme de son
temps et favori du duc d'Anjou.

Les rendez-vous avaient lieu à la tour de Nesles,
en compagnie de Henriette de Clèves et d'Annibal,
comte de Coconas, son amant.

Nous avons vu aussi comment les deux gentilshommes furent arrêtés, après la dénonciation faite
contre eux par Côme Ruggieri, célèbre astrologue
florentin.

Outre le crime de lèse-majesté dont la Mole et
Coconas furent accusés, on compliqua encore leur
procès par l'acte d'accusation de sortilége.

On avait trouvé dans une cassette appartenant à
la Mole une image de cire dont le cœur était percé
à coups d'aiguille. On prétendit que cette image
était celle de Charles IX qu'une maladie incurable
conduisait au tombeau.

Cette maladie consistait à suinter le sang par tous
les pores. En outre, l'esprit de Charles IX était
frappé, et il s'imaginait que ce sang était celui des
victimes de la Saint-Barthélemy.

Malgré les supplications de Marguerite à la reine
mère, la Mole fut soumis à une torture affreuse.

La question de l'eau et des chevalets lui fut
appliquée, mais le gentilhomme refusa constamment de parler; le nom de sa bien-aimée, aussi sa
complice, ne s'échappa même pas de ses lèvres.

Après la torture, la Mole et Coconas, furent
condamnés à être décapités en Grève.

A cette nouvelle, Margot faillit devenir folle de
douleur.

Dans l'intervalle qui s'écoula, entre la condamnation et le supplice, elle tenta une dernière démarche pour les sauver du bourreau.

Au mépris des ordres donnés par la reine mère de ne laisser approcher personne du roi, elle y fit pénétrer Henriette de Clèves.

Henriette ne put rien obtenir. Catherine avait prévenu son fils de ce qui s'était passé et lui avait affirmé que le sortilége commis par la Mole et Coconas était cause de sa maladie.

Ce sortilége, nommé *envoûtage*, était fort redouté en ce temps et considéré même comme opération du diable.

L'échafaud fut donc dressé. La foule était immense sur la place de Grève.

A une tourelle, située dans l'angle du quai, on remarquait une fenêtre sur laquelle descendait un grand rideau, qui de temps à autre se soulevait avec mystère.

Il cachait Marguerite de Valois, qui, en compagnie de Henriette de Clèves, avait voulu assister à la dernière heure de son amant. Toutes deux elles étaient pâles comme des ombres; à chaque instant on eût dit qu'elles allaient tomber.

Les soldats amenèrent les condamnés jusqu'au pied de l'échafaud, dans une charrette qu'on avait été obligé de mettre à la disposition de La Mole et Coconas. car ils ne pouvaient marcher, leurs membres ayant été brisés par la torture.

Coconas ne voulut pas être touché par les valets du bourreau.

Malgré les souffrances affreuses qu'il endurait, il puisa dans son amour-propre un courage surhumain.

Se traînant, pour ainsi dire sur les marches fatales il arriva à la plate-forme, mit sa tête sur le billot... un éclair s'échappa de l'homicide acier... Coconas n'était plus!

En ce moment, derrière le rideau de la tourelle, une femme perdait connaissance.

C'était Henriette de Clèves.

Vint le tour de la Mole. On fut obligé de le porter sur la plate-forme; il n'avait pas même la force de se traîner.

Là, il s'agenouilla devant le billot rougi du sang de son frère en amour, et jeta un regard impassible sur la foule silencieuse qui l'entourait, et qui avait peine à être contenu par les archers de la reine-mère.

Tout à coup son visage resplendit.

Le rideau de la tourelle s'était soulevé; il venait de voir Marguerite lui envoyer un suprême baiser.

— Exécuteur de justice, s'écria-t-il en s'adressant au bourreau, je meurs pour ma mie, ne me fais pas trop souffrir!...

Puis il s'inclina...

Le bourreau tint compte de l'avertissement. Il frappa ferme, et la belle tête de la Mole, décollée d'un seul coup, alla rouler auprès de celle de Coconas.

Marguerite poussa un cri effroyable, qui attira tous les regards du côté de la tourelle.

Quelques *mémoires* prétendent même que les archers s'y précipitèrent et que l'amante éplorée fut pendant quelque temps enfermée au Louvre; mais ces mémoires étant peu d'accord avec notre histoire authentique, nous devons en rejeter l'assertion.

Les corps des décapités furent ensuite coupés en quatre quartiers, attachés à quatre potences, et les têtes sur deux poteaux.

Le soir même, Marguerite rendait visite au bourreau de Paris.

On ne sait quelle conversation ils eurent ensemble, mais le bourreau n'eut point à se plaindre de la libéralité de la princesse.

Après son entrevue, elle prit le chemin de la tour de Nesles, portant quelque chose sous son manteau.

Arrivée dans la salle où tant de serments s'étaient échangés avec la Mole, elle ferma la porte, et déposa sur une table le fardeau qu'elle portait.

C'était la tête du gentilhomme qu'elle avait achetée au bourreau.

Elle passa la nuit en pleurs, en prières, en douces phrases et baisers, avec le reste mortel de celui qu'elle avait aimé.

Elle redit à l'inerte matière les mots les plus tendres, s'imaginant qu'elle les entendait; et pas un instant, malgré sa grande sensibilité, la femme ne s'effraya de l'image de la mort.

De son côté, Henriette de Clèves agissait de même.

Lorsque vint le jour, elles sortirent ensemble de la tour de Nesles, et s'acheminèrent vers le cimetière Saint-Martin.

Là, de leurs propres mains, elles enterrèrent les têtes, dont la décomposition seule les obligea de se séparer.

Une autre version raconte qu'elles firent embaumer ces têtes et les placèrent dans une cassette précieuse.

Le Florentin Ruggieri lui-même aurait fait l'opération de l'embaumement.

Mais tout semble contradiction dans cette version; car l'astrologue ayant été momentanément emprisonné par Catherine de Médicis, pour le crime d'envoûtage, il n'aurait pu prêter son concours aux deux amantes en cette circonstance.

C'est la Mole que Marguerite avait surnommé le bel *Hyacinthe.*

III.

Le roi de Navarre, Henri, s'occupait peu de la conduite de sa femme; il avait pris son parti de ce qu'il ne pouvait empêcher, et cherchait lui-même des distractions auprès de madame de Sauve. Marguerite aimait le brave Bussy, de la maison d'Amboise. On lui prêtait bien en même temps un nommé Bidé, mais elle s'en défend dans ses *Mémoires;* il n'en est pas de même à l'égard de Bussy, dont elle ne parle qu'avec complaisance et enthousiasme. Elle avait, pour confidente de ses amours, une femme, la Torigni, qui la servait avec zèle dans ses intrigues galantes. Henri de Navarre exigea le renvoi de cette femme trop fidèle; la Torigni, en effet, fut renvoyée, malgré les larmes et les reproches de la reine de Navarre. Ce fut peu de temps après que Bussy-d'Amboise quitta la cour, pour aller se faire assassiner au château de Montsoreau, par le seigneur de ce nom, qui se vengeait ainsi des intrigues de sa femme avec le gentilhomme. Le départ de la Torigni fut cause de la séparation de Marguerite d'avec son époux; *bannissant toute prudence de moi,* dit-elle, *je m'abandonnai à l'ennui, et je ne me pus plus forcer de rechercher le roi mon mari; de sorte que nous ne couchions plus et ne parlions plus ensemble.*

Pendant les luttes de la ligue, elle aima le célèbre Sybrac; mais aussi elle avait changé de tactique à l'égard de son mari. Elle traitait avec bonté ses maîtresses, pour l'engager à avoir les mêmes procédés pour ses amants. Pendant son voyage en Gascogne, elle eut pour favoris le vicomte de Turenne et Clermont-d'Amboise, puis Saint-Luc et la Bale, qui, dans un accès de rage de se voir dédaigné après avoir tout obtenu, *mangea les plumes de son chapeau.*

A Nérac, Marguerite se fâcha de nouveau avec son mari. Ce fut à propos de ses liaisons avec Jacques de Harlay de Chanvallon.

Henri lui reprocha d'avoir eu un fils illégitime avec ce gentilhomme.

Le reproche n'était que trop fondé.

Ce fils, que Bassompierre appelle le père Archange, et Dupleix le père Ange, se fit capucin, se signala par ses intrigues, et, en qualité de confesseur et de directeur de la marquise de Verneuil, devint un des agents les plus dangereux de cette conspiration, où il ne s'agissait rien moins que de la vie de Henri IV et de la perte de la famille royale.

Chanvallon s'étant réfugié en Allemagne, le cœur de Marguerite ne resta pas oisif.

Poursuivie par Henri III, qui voulut la faire enfermer à cause de ses déréglements, elle fut prise par le marquis de Canillac, qui la conduisit au château d'Usson en Auvergne. Elle eut recours à ses charmes ou du moins à sa beauté, qui se soutenait toujours, quoiqu'elle eût trente-cinq ans, et fit une telle impression sur l'esprit de Canillac, qu'il devint l'esclave de sa prisonnière.

Le marquis la laissa d'abord se promener dans tout le château.

Puis, il la reçut chez lui, la traita constamment à sa table, et s'inclina peu à peu devant ses moindres caprices.

En même temps, Marguerite fit semblant de chérir la femme de Canillac. « Le bon du jeu, dit d'Aubigné, fut qu'aussitôt que le marquis eut le dos tourné pour aller à Paris, Marguerite la dépouilla de ses beaux joyaux, la renvoya comme une péteuse avec tous ses gardes, et se rendit dame et maîtresse de la place. Le mari se trouva beste et servit de risée au roi de Navarre. »

La place d'Usson n'était pas prenable ; on l'y laissa tranquille, ou plutôt elle y resta en exil forcé jusqu'en 1605, qu'elle reparut à la cour, après une absence de vingt-deux ans.

Néanmoins, dans cet exil même, elle sut se distraire.

Elle fit faire, dans le château d'Usson, les lits de ses dames extrêmement hauts, « afin de ne plus s'escorcher, comme elle souloit, les épaules en s'y fourrant à quatre pieds, pour y chercher Pominy, » fils d'un chaudronnier d'Auvergne, et qui, d'enfant de chœur qu'il était, devint secrétaire de Marguerite.

Pominy était si gracieux et si gentil, qu'elle lui apprit, par lettres, la théorie de l'amour ; le jeune homme profita bien vite des leçons et fit honneur à son institutrice.

Depuis sa retraite de Nérac à Agen, et pendant son divorce déclaré avec le roi, elle avait encore donné naissance à un fils qu'elle eut de d'Aubiac. La première fois qu'il vit Marguerite, d'Aubiac s'était écrié :

— Mon Dieu ! l'aimable personne ! Si j'étais jamais assez heureux pour lui plaire, je n'aurais pas de regret à la vie, dussé-je la perdre une heure après.

D'Aubiac fut heureux, en effet, mais il fut ensuite sacrifié à la jalousie du marquis de Canillac, qui le fit condamner à mort. En allant à la potence, au lieu de se souvenir du salut de son âme, il baisait un manchon de velours raz-bleu, qui lui restait des bienfaits de sa dame.

Le règne de l'amoureux d'Ursé ne dura pas longtemps ; c'était le sort de tous les amants de Marguerite qu'elle ne leur fût pas plus fidèle qu'elle ne le fût à son époux... Et encore, de ces amants, allions-nous en oublier une partie : Martigues, qui portait aux combats et aux assauts un petit chien que lui avait donné Marguerite ; — Mayenne, bon compagnon, gros et gras, et voluptueux comme elle ; puis Bajaumond, surnommé le bec-jaune.

Son mariage avec Henri IV fut déclaré nul en octobre 1599 ; au mois de décembre 1600, Henri épousait Marie de Médicis.

IV.

Après avoir fait quelque séjour au château de Madrid, près de Boulogne, Marguerite vint habiter l'hôtel de Sens, près l'*Ave-Maria*. Dans cette demeure, elle aima un de ses mignons, nommé Date, qui fut tué, à la portière de son carrosse, d'un coup de pistolet, par le jeune Vermond.

Ce malheur lui rendit odieux l'hôtel de Sens ; elle l'abandonna et se retira au faubourg Saint-Germain, proche du Pré-aux-Clercs. Là, elle unit les voluptés à la dévotion, le luxe et la vanité à l'amour des lettres, la charité à l'injustice. Soudain, comme d'un retour de jeunesse, elle fut prise de passion pour un des musiciens de sa chambre, Co-

mine, qu'on appelait le roi Margot. Mais, hélas !
c'était la dernière lueur d'une âme qui s'éteint.

La persécution que lui avait fait subir Henri III,
la mort du duc d'Alençon, son frère, ses chagrins
dans la retraite d'Usson, la crainte qu'elle eut que
Henri IV, avant d'être assassiné, ne se portât à
quelque extrémité contre elle, pour la punir de ses
déréglements, affaiblirent son tempérament et son
esprit même.

Elle se défia de tout le monde, devint hypocon-
driaque, et sujette à des terreurs subites, qui ren-
dirent sa situation fort triste, pendant la dernière
année de sa vie.

Elle mourut à Paris, le 27 mars 1615, à l'âge de
soixante-deux ans. Son corps, après être resté quelque temps en dépôt dans la chapelle de l'église des
Augustins, auprès de son hôtel, fut porté à Saint-
Denis, et inhumé dans le tombeau des Valois.

Paris, Imprimerie de Ch. Bonnet et Comp., 49, rue Vavin.

www.ingramcontent.com/pod-product-compliance
Lightning Source LLC
LaVergne TN
LVHW021727170726
843503LV00004B/1455